Schöne
Kräutergärten

W0077108

Helmut Jantra

Schöne Kräutergärten

Anlegen · Gestalten · Pflegen

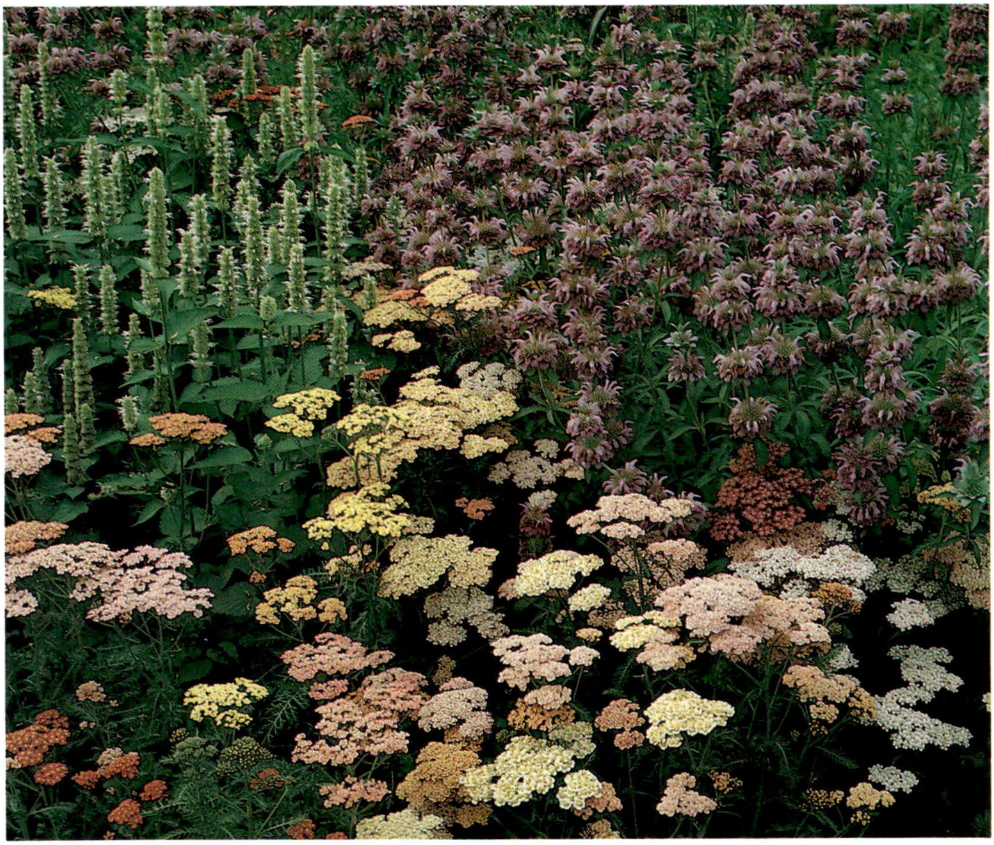

FALKEN

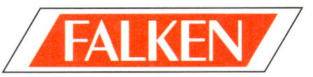

Inhaltsverzeichnis

Einleitung

Gewürz- und Heilkräuter, häufig beides in einem, begleiten den Menschen seit altersher und erleben heute im Hausgarten eine Renaissance. Zeitweilig war das würzige Grün frisch vom Beet etwas in den Hintergrund getreten; die Nahrungsmittelindustrie hatte sich verstärkt dieser Aromalieferanten angenommen, und die in Tütchen und Gläsern abgepackten, zermahlenen Produkte ließen den eigenen Anbau überflüssig erscheinen. Das ist nun wieder anders.

Wir wissen mittlerweile, daß Aroma und Inhaltsstoffe frischer Blätter und Triebe jeder Handelsware überlegen sind. Auch getrocknet, eingefroren oder auf andere Weise konserviert, schmecken sie noch einmal so gut und wecken mit ihrem unverfälschten Duft Erinnerungen an erlebte Sonnentage und Sommer. Es kommt aber noch etwas hinzu, was diese teilweise noch der Wildflora verhafteten Pflanzen gerade in heutiger Zeit so wertvoll macht: Wo aromatische Kräuter wachsen, schafft man arg bedrängten Insekten wie Bienen und Schmetterlingen ein Refugium, lockt die in dieser Tiergruppe besonders zahlreich vertretenen Nützlinge an – ein Grund mehr, Gewürzpflanzen in den Garten zu holen.

Dabei wird man auch den Duft entdecken, den viele dieser Gewächse bereits an Ort und Stelle verströmen und damit zum Verweilen einladen. Manche sehen mit ihren Blüten sogar so hübsch aus, daß sie ohne weiteres neben Sommerblumen und Stauden bestehen können. Das führt zu dem Gedanken, die Kräuter nicht nur auf das separate Beet im Gemüseteil zu verbannen, sondern sie als eigenständiges Element in die Gestaltung von Garten und Terrasse mit einzubeziehen.

Wie breit gefächert die Möglichkeiten dafür sind, wird in diesem Buch an praktischen Beispielen gezeigt, denen sich nach individuellen Ideen und den Gegebenheiten im eigenen Garten gewiß noch weitere hinzufügen ließen. Werden außerdem die beschriebenen Pflegemaßnahmen, die Empfehlungen für Standort und Boden berücksichtigt, aus dem bunten Strauß der Pflanzenporträts weitere Arten für das häusliche Grün ausgewählt, können Ihr Garten und Sie selbst davon eigentlich nur profitieren; Gewürzpflanzen sind nämlich wie geschaffen dafür, daß aus der Beschäftigung mit ihnen ein interessantes und vielseitiges Hobby wird.

Neuried-Altenheim/Baden
Im Frühjahr 1992

Helmut Jantra

Der Blick in dieses Kräuterparadies widerlegt das alte Vorurteil, Würzpflanzen seien nur grün und eintönig

Kräuter in Mythologie und Volksglauben

Wann es in grauer Vorzeit geschah, daß der Mensch die den Kräutern und Pflanzen innewohnenden, heilenden Kräfte entdeckte, vermag niemand zu sagen. Da es sich hierbei nicht um eine »Erfindung« wie die des Schießpulvers oder der Glühlampe handelt, sondern wohl eher um Erkenntnisse des Zufalls, wird dieses Wissen nur allmählich gewachsen sein, weitergegeben von Sippe zu Sippe, von den Eltern auf die Kinder. Irgendwann gab es dann wahrscheinlich auch Kundige, die mehr wußten als andere, denen auf Grund ihres Wissens und ihrer Erfahrung Linderung von Verletzungen und Leiden gelang und die deshalb hoch angesehen waren. Vielleicht stand ganz am Anfang auch nur der Instinkt, der später zum bewußten Gebrauch spezieller Kräuter zu Heilzwecken führte. Schließlich suchen und finden Hunde wie Katzen heute noch bestimmte Grasarten, wenn sie Magenbeschwerden verspüren, und Hühner picken neben Körnern regelmäßig kleine Steine auf, um die Verdauung zu fördern.

Aus der Tatsache, daß in 60 000 Jahre alten Grabstätten Reste von so bekannten Heilpflanzen wie Tausendgüldenkraut, Eibisch und Schafgarbe gefunden wurden, lassen sich nur spekulative Schlüsse ziehen. Aber da die Menschen der Frühzeit viel enger mit der Natur und allen von ihr hervorgebrachten Lebensformen verbunden waren, als wir es sind, war das Beobachten von Pflanze und Tier ein Teil ihres Überlebensprinzips. Ob ein Nachhall davon durch unsere Märchen und Sagen, durch Mythen und Volksglauben schwingt – wir wissen es nicht. Aber immer wieder sind es Pflanzen, die in diesen Überlieferungen eine herausragende Rolle spielen, dämonische, todbringende Kräfte ebenso demonstrieren wie Wunder, Verwandlung oder Schlüssel zum vermeintlichen Paradies.

Von »Zauberpflanzen« und magischen Mixturen

Die Zahl der Gewächse, denen besondere Eigenschaften zugeschrieben werden, ist fast unübersehbar groß. Der Einfluß der »Zauberpflanzen« reicht bis in unsere Zeit und betrifft nicht nur die Ginseng-Wurzel *(Panax pseudoginseng)*, die seit Jahrtausenden in Ostasien heilende und kultische Bedeutung hat. In Mitteleuropa war es die Alraune *(Mandragora officinarum)*, deren Wurzel magische Kräfte besitzen sollte, an die manche Menschen auch heute noch glauben. In modernen Hexenzirkeln, die in letzter Zeit angeblich wieder mehr Anhänger finden, werden gelegentlich noch nach alten Rezepturen sogenannte »Flugsalben« zusammengebraut, die Astralreisen ermöglichen sollen. Bestandteil dieser Mixturen sind u. a. auch Kräuter, vor allem Nachtschattengewächse wie Stechapfel, Tollkirsche, Bilsenkraut und der Fliegenpilz.

Ein anderes »Zauberkraut« ist die als Schmarotzer auf Bäumen wachsende Mistel. Sie kommt in griechischen Mythen ebenso vor wie in der »Edda«, einer Sammlung altnordischer Götter- und Heldenlieder. In einem der Lieder wird der Götterliebling Baldur durch einen Mistelpfeil getötet. Besondere Heilkraft, vor allem gegen die »Fallsucht«, die Epilepsie, wird ihr zugeschrieben, wenn sie von einer Eiche stammt, einem Baum, auf dem die Mistel tatsächlich nur sehr selten anzutreffen ist.

Auch das Eisenkraut *(Verbena officinalis)* spielt in der Überlieferung und im Volksglauben eine herausragende Rolle. Es ist für vielerlei zu gebrauchen, macht Kinder, wenn man sie mit einem Zusatz von *Verbena* badet, »stark wie Eisen«, hilft Schlösser und Fesseln sprengen, vertreibt böse Geister, lindert Krankheiten und Schmerzen, wehrt Schlangen ab und ist auch als Liebeszauber verwendbar. Die Silberdistel oder Eberwurz *(Carlina acaulis)* steht dem Eisenkraut im Volksglauben alter Zeiten kaum nach, selbst Paracelsus (1493–1541) war von den ihr innewohnenden Kräften überzeugt.

Eine besondere Bedeutung erlangten Kräuter zur Hexenerkennung und –abwehr im Mittelalter. Zu diesen »Hexenkräutern« zählten u. a. Baldrian, Waldsauerklee, Gundermann und Liebstöckel. Dämonen und Teufel ließen sich durch Ausräu-

Hexenglaube und Zaubertrank gehörten untrennbar zusammen (Buchillustration 16. Jahrhundert)

Buchmalerei (14. Jahrhundert), die auf die angeblich magischen Kräfte der Alraune verweist

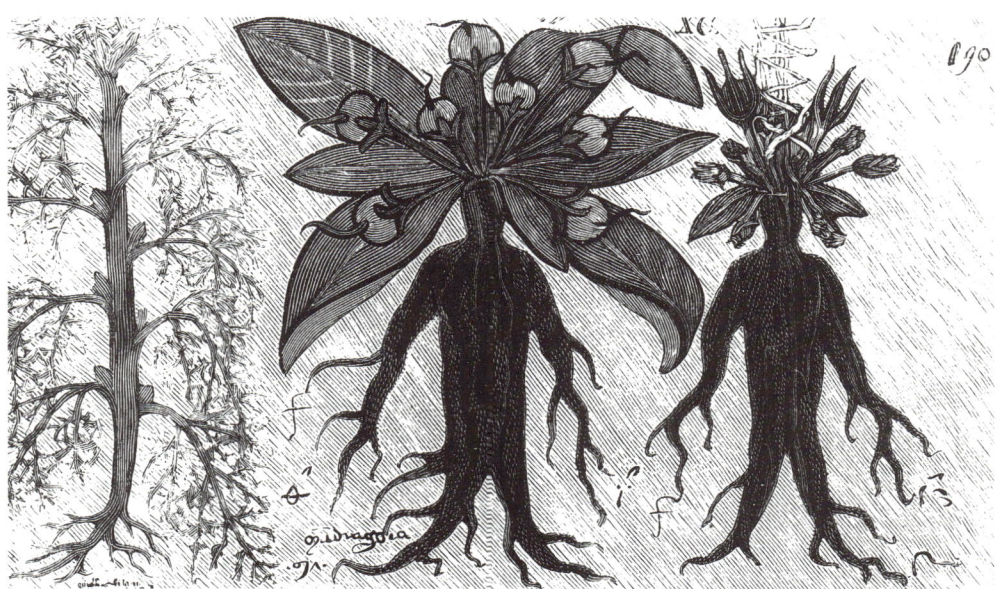

Wurzeln der Alraune (Holzstich nach einer Darstellung des »Codex Neapolitanus«, um 700 n. Chr.)

7

chern der Häuser und Viehställe mit Kümmel, Fenchel, Dill oder Salbei nachhaltig vertreiben, wobei allerdings bestimmte Anweisungen für die Zeit des Sammelns und die Zahl der zu verwendenden Kräuter eine Rolle spielten. Vollmond- oder Neumondnächte verliehen den Pflanzen besondere, von Hexen und Teufeln gefürchtete Kräfte; die Sieben, als heilige Zahl schlechthin, oder die Dreizehn, bevorzugter Wert der Weißen und Schwarzen Magie, hatten bei den verschiedenen Mischungen einen besonderen Stellenwert.

Heilkräfte und Heilzauber

Da in früheren Zeiten Krankheit und Heilung, Aberglaube und Zauberei eng miteinander verflochten waren und man das eine kaum vom anderen trennen konnte, ging auch Kräuterfluch einher mit Kräutersegen. So mußten beim Sammeln der Kräuter, die für Heilzwecke bestimmt waren, überkommene Regeln und Riten eingehalten, Mondphasen und Sammeltage beachtet werden. Unterstützt wurde die Kräutertherapie durch »Besprechung« des Kranken, durch Beschwörungen und allerlei Heilzauber. Ein sozusagen »wissenschaftliches Fundament« erhielt der Aberglaube durch die sogenannte Signaturlehre, derzufolge Ähnliches mit Ähnlichem geheilt werden konnte – eine Erkenntnis, die übrigens schon in der antiken Medizin der Griechen und Römer auftaucht. An dieser mittelalterlichen Lehrmeinung hat auch der Arzt und Naturforscher **Paracelsus** einen nicht unerheblichen Anteil, der meinte, Gott habe jeglichem Gewächs eine Aufgabe erteilt »zu dem, dazu es gut sei. Also haben auch die Formen alle ihre Artzney, so in ihnen ist. Hat sie eine Form der Füße, so ist sie für die Füße, hat sie die Form der Hände, so ist sie für die Hände. Und also mit dem Kopf, Bauch, Rücken, Hertz, Milz, Leber.« Damit waren der Phantasie Tür und Tor geöffnet, jedermann konnte aus Farben, Formen oder Eigenschaften bestimmter Pflanzen Rückschlüsse auf ihre Heilwirkung ziehen. So sollte die stachelige Mariendistel gegen Stechen in Rücken und Seite helfen, das Leberblümchen hilfreich bei Leberleiden sein, der

Kräuterkundige bei der Zubereitung von Theriak. Das mittelalterliche Arzneimittel setzte sich aus etwa 60 pflanzlichen Drogen und Gewürzen (darunter Baldrian und Opium) zusammen. Es wurde vor allem gegen Vergiftungen und Seuchen angewendet. Die Abbildung stammt aus dem sogenannten Hausbuch der Cerruti, der lateinischen Fassung einer arabischen Gesundheitslehre (Verona oder Lombardei, Ende 14. Jahrhundert)

Augentrost die Sehbeschwerden lindern. Lungenkraut – hieß es – war gut gegen Erkrankungen der Atmungsorgane, der Natternkopf heilte Schlangenbisse, der Steinbrech konnte Nieren- und Gallensteine austreiben.

Bei unseren Altvordern spielten Pflanzen und Kräuter also vor allem in der Heilkunde eine Rolle, obgleich einige von ihnen seit jeher auch zum Würzen der damals recht eintönigen Speisen Verwendung fanden. Allzuviel ist davon allerdings nicht überliefert, wahrscheinlich, weil es der Erwähnung nicht wert war. Diese Zurückhaltung betrifft freilich nur die Eßgewohnheiten des »gewöhnlichen Volks«. An den königlichen und fürstlichen Höfen standen Kräuter hoch im Kurs, allerdings nicht in Form von Petersilie oder Salbei, sondern als Würzen sündhaft teurer Importe wie Pfeffer, Nelken, Muskatnuß, Kardamom und andere. Denn nicht zuletzt im Gefolge der Kreuzzüge kam Kunde aus den islamischen Ländern, in denen man zu leben, zu essen und die Speisen auf das beste zu würzen verstand.

Der Weg der Kräuter in den Garten

Im alten Ägypten wurden Kräuter vorwiegend zum Zwecke der Körper- und Schönheitspflege angebaut (Wandmalerei aus dem 15. Jahrhundert v. Chr.)

Die heimischen Pflanzen und Kräuter, wie sie uns in alten Mythen und Legenden begegnen, wuchsen wild und wurden für Heil- wie Kultzwecke gesammelt. Während im Gebiet der frühen Hochkulturen, im Ägypten der Pharaonen, in Babylon, bei den Assyrern und Sumerern sowie im Heiligen Land der Bibel Würz- und Duftkräuter vor allem für Salben, Parfüms und Räucherwerk bereits in gärtnerischer Kultur angebaut wurden, waren es in Mitteleuropa die Römer, die mit der Ausdehnung ihres Imperiums zahlreiche bis dahin hier unbekannte Pflanzen über die Alpen brachten. 200 verschiedene Kräuter sollen auf diese Weise den Weg zu uns gefunden und sich später auch wildwachsend eingebürgert haben, darunter Dill, Bohnenkraut, Thymian, Minze und Salbei. Es dürfte dann nur noch ein kleiner Schritt gewesen sein, dieses oder jenes besonders aromatische und für seine Heilwirkung bekannte Gewächs in Hausnähe einzufrieden und sich aussamen zu lassen.

Kräutererzeugnisse aus vorgeschichtlicher Zeit

Die erste, schriftlich festgehaltene Kräuterkunde soll vom chinesischen Kaiser **Shen-Nung**, dem »Vater des Ackerbaus« stammen, der vor etwa 5000 Jahren lebte. Wir wissen von diesen Texten, weil Teile davon in späterer Zeit aufgegriffen und von den verschiedensten Autoren übernommen wurden. Von den Sumerern in Mesopotamien kennen wir Pflanzenlisten, die um das Jahr 2200 v. Chr. auf Tontafeln geschrieben wurden und in denen u. a. Kümmel, Lorbeer und Thymian verzeichnet waren. Aus Ägypten liegen zahlreiche Zeugnisse über die Verwendung von Duft- und Heilpflanzen vor, die in Reliefs dargestellt oder auf Papyrus festgehalten sind. In einem Papyrus aus dem Jahr 2800 v. Chr. werden Majoran, Minze und Wacholder und ihre Bedeutung in der Medizin aufgeführt, außerdem Kräuteröle zur Herstellung aromatischer Salben und Gewürze wie Zimt oder *Cassia*. Der berühmte »Papyrus Ebers«, der um 1600 v. Chr. verfaßt und 1873 in Theben entdeckt wurde, enthält etwa 800 Rezepte, in denen die Heilwirkung und Anwendung von Pflanzen wie Wacholder, Myrrhe, Thymian und Knoblauch beschrieben wird. Bereits um 2000 v. Chr. trieben die Ägypter einen florierenden Gewürzhandel mit Südarabien und den Ländern des Fernen Ostens. Dort waren es vor allem China und Indien, in denen die Heilkräuterkunde eine alte Tradition hatte.

Kräuter in der Antike

Die griechische und römische Antike brachten einen Durchbruch in der Kräuterkunde mit Erkenntnissen und Heilanwendungen, die noch viele Jahrhunderte Gültigkeit besaßen und die Naturwissenschaft, Heilkunde und Botanik bis in unsere Zeit nachhaltig beeinflußten. Wenn sich später auch manches als unhaltbar, weil mit Aberglauben und Mystik durchsetzt erwies, wurde doch in dieser Zeit der Grundstock für die zielgerichtete Erforschung der Pflanzenmerkmale und für die Systematik der Botanik gelegt. Die Lehrbücher aus jener Zeit waren die Basis des medizinischen Wissens im Abendland.

9

Hippokrates (um 460–375 v. Chr.), der »Vater der Medizin«, stellte um 400 v. Chr. einen Katalog von etwa 230 Heilpflanzen auf, beschrieb ihre Wirkungen und lehrte seine Schüler, mit Hilfe von Kräutern Krankheiten und Schmerzen zu lindern. Dieser griechische Arzt war auch der erste, der sich vom Aberglauben in der Medizin abwandte und konkrete Ursachen für Erkrankungen verantwortlich machte. Von ihm stammen ebenfalls gezielte Diät- und Hygienevorschriften. **Theophrastos** (371–287 v. Chr.), ein Schüler von Platon und Aristoteles, unternahm einen ersten Versuch zur botanischen Klassifizierung mit Hinweisen auf die Verwendung von Kräutern in der Medizin. Seine »Naturgeschichte der Pflanzen« enthielt alleine 450 Gewächse mit heilenden Eigenschaften.

Mit »Materia medica« verfaßte der griechische, in Rom lebende Naturwissenschaftler **Dioskurides** im ersten nachchristlichen Jahrhundert die wohl wichtigste medizinische Abhandlung seiner Zeit, in der er 600 Gewächse und ihre Heilwirkung beschrieb. Seine Arzneimittellehre blieb 1500 Jahre lang Standardwerk, auf dem die meisten der späteren Kräuter- und Heilpflanzenbücher aufbauten. Einige der den Gewächsen von Dioskurides zugeschriebenen Eigenschaften sind heute allerdings kaum mehr nachvollziehbar. So soll die Gartenkresse Haarausfall beseitigen, Leidenschaft wecken und gut gegen Schlangenbisse sein, Lilien helfen gegen Falten, Fingerkraut lindert Wund- und Zahnschmerzen, Durchfall, Leberkrankheiten, die – giftige – Weinraute wird gegen Brustschmerzen, Wurmbefall, Husten, Nierensteine, Sehschwäche, Nasenbluten und noch manches mehr empfohlen.

Ein Zeitgenosse von Dioskurides, **Plinius der Ältere** (23 oder 24–79 n. Chr.), verfaßte ein 37 Bücher umfassendes Werk über die Erscheinungen der Natur, darunter über die pflanzlichen Heilmittel. Seine Naturgeschichte (»Naturalis historia«) wirkte stark auf Altertum und Mittelalter. Vor allem aber waren es die medizinischen Lehrbücher des römischen Arztes **Galenus** (131–200), der als der wohl kräuterkundigste

Pedanios Dioskurides, griechischer Arzt und Verfasser einer lange Zeit maßgeblichen Arzneimittellehre (Idealporträt mit Heilpflanze aus dem 18. Jahrhundert)

Galenus und Hippokrates, zwei bedeutende Vertreter der antiken Heilkunde (Fresko aus dem 12. Jahrhundert, Krypta des romanischen Doms von Anagni, (Region Latium/Italien)

10

Gelehrte seiner Epoche galt. Er kannte die von ihm in mehreren Lehrbüchern beschriebenen Pflanzen aus eigener Erfahrung und prägte, wie Dioskurides, über Jahrhunderte die botanische Heilkunde. Noch heute spricht man bei Arzneien, die – im Gegensatz zu synthetisch hergestellten Medikamenten – auf pflanzlichen Stoffen basieren, von »galenischen Präparaten«.

Klostergärten

Im Mittelalter waren es vor allem die Mönchsorden, die sich mit Gartenbau und Heilpflanzenkunde befaßten. Da ihnen mit dem Lateinischen eine gemeinsame und in allen Klöstern verstandene Sprache zur Verfügung stand, war ein reger Gedanken- und Wissensaustausch möglich; alte Schriften konnten kopiert und verbreitet, in den klostereigenen Gärten neue Erfahrungen gesammelt werden. Es waren an erster Stelle die Benediktinermönche, deren »Regula monachorum« des hl. **Benedikt von Nursia** neben geistiger und geistlicher Betätigung auch körperliche Arbeit vorschrieb. Aus ihrem Stammhaus auf dem Monte Cassino (Italien) brachten sie nicht nur ihr Wissen um die Pflanzenheilkunde, sondern auch zahlreiche Kräuter in die neuen Niederlassungen nördlich der Alpen, legten Kräuter- und Arzneigärten an und kamen damit einer weiteren Ordensregel ihres Gründers nach, die »die Sorge für die Kranken vor und über alle anderen Pflichten« stellte.

Ein Benediktinermönch war es auch, der die Pflanzenlisten für die 812 von Kaiser Karl dem Großen erlassene Landgüterordnung »Capitulare de villis« zusammenstellte. Die Verordnung schrieb vor, welche Gemüse und Kräuter die Pächter der kaiserlichen Güter unbedingt anzubauen hatten. Dabei wurden unter den insgesamt 73 Kräuter- und Gemüsearten sowie 16 Obstbäumen, Dill, Kümmel, Fenchel, Minze, Petersilie, Liebstöckel, Salbei, Eberraute, Bohnenkraut, Schnittlauch, Zwiebeln, Knoblauch, Koriander und Kerbel ausdrücklich erwähnt. Da in diesen Listen auch bei uns nicht winterharte Pflanzen wie Melonen und Feigenbäume aufgeführt sind, wird angenommen, daß das »Capitulare« im südfranzösischen Königreich Aquitanien entstand, in dem Karls Sohn Ludwig der Fromme regierte.

Wahrscheinlich lagen die Vorschriften der Landgüterordnung auch dem berühmten Klosterplan von St. Gallen aus dem frühen 9. Jahrhundert zugrunde. Neben der Kirche und den Räumlichkeiten für die klösterliche Administratur gab es hier eine Herberge für Pilger und Arme, ein Haus für vornehme Gäste, ferner ein Hospital, Küchenhäuser mit Bäckerei und Brauerei, Kornspeicher, Werkstätten, eine Mühle, Viehställe und drei Gärten: Obstgarten, Gemüsegarten (Hortus) mit dem Haus des Gärtners und den Heilkräutergarten (Herbularius) direkt am Arzthaus, das man heute wohl als Praxis bezeichnen würde. Hier wuchsen die gängigen, heimischen Heilkräuter, aber auch Pflanzen der Mittelmeerländer und des Orients. Die zwei Beetreihen mit jeweils vier Anbauflächen waren von schmalen, gleichfalls streng unterteilten Rabatten umgeben, auf denen neben vielen anderen Blumen auch Rosen und Lilien ihre Blüten öffneten.

Blick in den Kräutergarten des Benediktinerinnenklosters Fahr (Kanton Aargau/Schweiz)

Von 839 bis 849 war der Benediktiner **Walahfrid Strabo** Abt des Inselklosters Reichenau. Er verfaßte ein als »Hortulus« in die Literaturgeschichte eingegangenes Gedicht und »Lehrbuch« in lateinischen Hexametern, das seine botanischen Beobachtungen und Erfahrungen in den Gärten der Insel Reichenau beschreibt. Ein weiteres pflanzenkundliches Werk ist die sogenannte »Physika« der **Hildegard von Bingen** (1098–1179). Die Äbtissin des Klosters Rupertsberg an der Nahe zählt darin über 200 Kräuter auf, die in der Heilkunde der damaligen Zeit eine Rolle spielten. Auch dieses Buch bezieht seinen Reiz und Informationswert aus der Tatsache, daß die Autorin selbst praktische Gärtnerin war und über ihre persönlichen Erfahrungen und Erkenntnisse berichten konnte. Zwar war das Werk in lateinischer Sprache geschrieben, doch wurden für die Pflanzen bereits deutsche bzw. volkstümliche Namen verwendet.

Weniger mit der Heilkraft der Pflanzen als mit dem Gartenbau allgemein beschäftigte sich ein Werk des Philosophen und Theologen **Albertus Magnus** (um 1200–1280). Wohl zum erstenmal wird der Garten nicht nur von seiner ökonomischen Seite gesehen, sondern auch das dekorative Element von Pflanzen und Blumen bis hin zum Rasen hervorgehoben. In Albertus Magnus' »De vegetabilibus« finden sich so »moderne« Ansätze wie Gründüngung, Mischkultur, Fruchtfolge, Obstbaumveredelung und Pflanzenschutz. Wegweisend leuchtet hier auf, was sich in den herrschaftlichen Anlagen des Hochmittelalters zur Blüte gelangt: der Lust- oder Ziergarten.

Burg- und Bauerngärten

Vom Rittertum des Mittelalters macht man sich meist idealisierte und blumige Vorstellungen, die auch durch die Lieder der Minnesänger und bildliche Darstellungen von edlen Burgfräulein auf einer Rasenbank unter dem Rosenbogen genährt werden. Ritterspiele und Turniere um Sieg und Gunst der Frauen bestimmen unser Bild von jener Zeit und verstellen den Blick auf eine profane und harte Realität. Während die Männer

zum Kriegsdienst für ihren jeweiligen Lehnsherrn verpflichtet waren, oblag die Sorge für Haus und Hof den Frauen und Mägden. Der Gemüse- und Kräutergarten befand sich innerhalb der Burgmauern, nur die Obstbäume wuchsen außerhalb des in Kriegszeiten auch der Landbevölkerung Schutz bietenden, befestigten Areals. Zwar gab es bereits kleine »Lustgärten« zum Ausruhen und Verweilen, aber in der Hauptsache diente der Garten der Selbstversorgung. Mit den Kreuzzügen (Beginn 1096) erfuhren auch die Gärten durch Pflanzen, die von den heimkehrenden Kreuzfahrern mitgebracht wurden, eine Bereicherung. Viele dieser Kräuter fanden dann den Weg in die den Burgen benachbarten Bauerngärten. Exotische Würzen wie Nelken, Ingwer oder Safran, die aus Importen stammten, konnten sich nur die Wohlhabenden leisten, aber kräftig gewürzt wurde allenthalben und überall. Das hatte wenig mit Eßkultur, desto mehr aber mit

Mittelalterlicher Kräutergarten auf der Marksburg (Braubach am Mittelrhein)

Eßgewohnheiten zu tun. Da ein Konservieren von Fleisch und Fisch nicht möglich war, dienten die stark duftenden Kräuter zur Überlagerung des unangenehmen Geschmacks und Geruchs der im Sommer oft angedorbenen tierischen Nahrungsmittel, die auch im Winter, eingesalzen oder getrocknet, keine reine Nasen- und Gaumenfreude gewesen sein dürften.

Zunächst hatten die frühmittelalterlichen Bauerngärten wohl noch wenig mit dem formalen Aufbau gemein, wie er später üblich war und heute wieder nachgeahmt wird. Allmählich bahnte sich jedoch ein Wandel nach dem Vorbild der nach strengem Muster gegliederten Klostergärten an, der im geometrischen Vier- oder Rechteck mit einer Haupt- und einer Querachse mündete. Aus dem schlichten Wegekreuz in der Mitte wurde ein Rondell, zahlreiche Varianten führten zu Verfeinerungen der Form, Buchseinfassungen lockerten die strengen Linien auf, Blumen brachten Farbe und Leuchtkraft in die Gevierte und dienten, zu Sträußen gebunden, als Schmuck bei dörflichen und kirchlichen Festen.

Mit der Erfindung der Buchdruckerkunst (um 1450) eröffnete sich auch für den Garten- und Pflanzenbau eine neue Dimension. Das Wissen um die heilkräftigen Eigenschaften der Kräuter breitete sich über die Klostermauern hinweg aus und wurde zumindest den des Lesens Kundigen zugänglich. **Otto Brunfels, Hieronymus Bock,**

Leonhart Fuchs, Pietro Andrea Mattioli und **Jakob Tabernaemontanus** beschrieben in ihren durch Holzschnitte illustrierten Büchern alle damals bekannten, in der Heilkunde und Küche verwendeten Gewächse und verhalfen der Gartenkultur und Pflanzenheilkunde dadurch zu einem allgemeinen Aufschwung, der erst durch den Dreißigjährigen Krieg gedämpft wurde.

Aber der Grundstein war gelegt, das einmal erworbene, botanische Wissen überdauerte die Wirren der Zeit, und Kräuter waren nicht mehr nur fester Bestandteil der Bauern-, sondern zunehmend auch der Bürgergärten.

Im 19. Jahrhundert wurden zum erstenmal Wirkstoffe wie Morphium, Chinin und Strychnin als Reinsubstanzen aus Pflanzen isoliert, gleichzeitig erfuhr auch die pflanzliche Heilmedizin durch die

Formaler Aufbau mit Wegkreuz, Blumenschmuck und eingefaßten Beeten — Kennzeichen des Bauerngartens, von dem heute wieder so viel die Rede ist

Kräuter heute

in hohen Auflagen verkauften, populären Kräuterbücher von **Sebastian Kneipp** und **Johann Künzle** einen neuen Aufschwung. Viele alte Hausmittel, heute wieder als »Geheimtip« weitergegeben, haben ihren Ursprung in dieser Zeit und füllen unter Titeln wie »Großmutters Rezeptbüchlein« die Regale der Buchhandlungen.

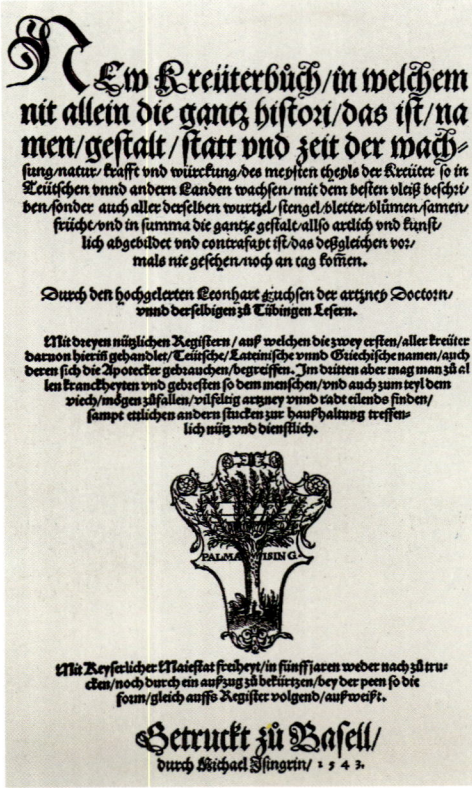

Leonhart Fuchs, Botaniker und Mediziner, verfaßte eines der bedeutendsten Kräuterbücher. Die deutsche Übersetzung erschien 1543 unter dem Titel »New Kreuterbuch«. Die Abbildung zeigt die Titelseite dieser Ausgabe

Nach dem Zweiten Weltkrieg führten Kräuter im Garten zunächst ein Mauerblümchendasein. Man pflanzte zwar etwas Dill, Petersilie und Schnittlauch zum Würzen der Speisen irgendwo an den Beetrand, das Wichtigste jedoch war Gemüse zum Sattwerden. Als es wieder aufwärts ging, das »Wirtschaftswunder« für Kapitalkraft sorgte und die Eigenheime wie Pilze aus dem Boden schossen, wandelte sich auch das Gesicht der Gärten. Blumen und vor allem Rasen waren jetzt gefragt, um den nach Jahren des Darbens neu erworbenen Wohlstand zur Schau zu stellen. Man genoß das demonstrative Rasengrün von der Hollywoodschaukel aus und verbannte das Gemüse in versteckt liegende Teile des Grundstücks, wo auch einige wenige Kräuter ihren Platz fanden.

Die Heilwirkung der Pflanzen war zu jener Zeit ebenfalls wenig gefragt. Die Pharmaindustrie ließ mit ihren Präparaten kaum Wünsche offen, der Markt wurde mit neuen, immer wirksameren Arzneimitteln überschwemmt, die in Form von geschmacksneutralen Dragees gut einzunehmen waren. Für Schädlinge und Krankheiten an Pflanzen hielt der Handel gleichfalls Insektizide und Fungizide bereit, schädliche Nebenwirkungen waren noch nicht hinlänglich erkannt und im Gespräch, der Begriff »Nützling« sagte allenfalls einigen naturbewußten, »altmodischen« Gärtnern etwas. Die Gartenwelt schien heil – und begann doch bereits, unbemerkt, Schaden zu nehmen. Erst als der Raubbau an der Natur offensichtlich, die Gefährdung und Schädigung der Umwelt immer drastischer deutlich wurde, setzte auch im Bereich des Hausgartens ein allmähliches Umdenken ein. Luft-, Boden- und Grundwasserverunreinigung, Lebens- und Arzneimittelskandale, aussterbende Tiere und Pflanzen, verödende Landschaft infolge landwirtschaftlicher Monokulturen mit überdüngten und daher nitratbelasteten Feldfrüchten – all dies führte schließlich zur Selbstbesinnung, zur Sensibilisierung des Umweltbewußtseins und zur Sorge um die eigene Gesundheit. Der zunächst viel belächelte biologische oder naturgemäße Gartenbau erlangte plötzlich einen ganz anderen Stellenwert, und man erinnerte sich wieder an die Arbeits- und Lebensweise der »guten alten Zeit«.

Kein Wunder, daß auch Würz- und Heilkräuter zu neuen Ehren kamen, Brennessel- und Schachtelhalmbrühen die chemischen Pflanzenschutzmittel wenn nicht verdrängten, so doch ergänzten, die günstige Wirkung von Kräutern auf benachbarte Gemüsepflanzungen wiederentdeckt, Mischkultur und Kompostwirtschaft betrieben wurde. Man kann das alles natürlich mit dem geläufigen Begriff »Nostalgie« und als kurzlebige Zeiterscheinung abtun, und auf einige übertriebene Auswüchse trifft das wahrscheinlich auch zu. Da aber der Schutz der Umwelt mittlerweile zur Überlebensfrage geworden ist, verbietet sich ein erneutes Umdenken von selbst.

Im Hausgarten haben Würz- und Küchenkräuter jedenfalls wieder Fuß gefaßt und sind dabei, sich weiteren Platz zu erobern. Nicht in Form von ausgedehnten Beetanlagen, sondern mit Blick darauf, daß diese Pflanzen eigentlich überall hinpassen, daß man sie in die Gartengestaltung mit einbeziehen und als formbildende Elemente verwenden kann. Sie demonstrieren die Verbindung des Angenehmen mit dem Nützlichen und fördern, wenn schon nicht als spezielle Heilpflanzen verwendet, durch ihre Inhaltsstoffe wie Vitamine und Minerale das Wohlbefinden und die Gesundheit. Thymian und Basilikum, Minze und Salbei beginnen wieder zu duften!

Schmuckstück im Kräutergarten: blühender Salbei

Geschickt kombiniert, passen Kräuter auch in den kleinen Vorgarten

Ein Platz
für Kräuter
ist überall

Das stimmt tatsächlich, wenn man zu den Würzpflanzen der Küche die große Zahl der Wildkräuter und –blumen hinzunimmt, die in früheren Zeiten in der Heilkunde Bedeutung hatten und deshalb in die große Gruppe dieser Gewächse mit hineingehören. Die Unterscheidung zwischen Heil- und Küchenkräutern ist ja neueren Datums, und Karl dem Großen wird der Spruch zugeschrieben, daß, was dem Arzt nützt, den Koch erfreut. Nachtkerze *(Oenothera biennis)*, Nachtviole *(Hesperis matronalis)*, Lavendel, die verschiedenen Salbeiarten und -sorten, Färberkamille *(Anthemis tinctoria)* oder auch der Blaue Natternkopf *(Echium vulgare)* sind hübsche Blütenpflanzen, die sich gut zwischen Küchenkräu-

tern einfügen lassen. Daneben gibt es unter den Würzgewächsen einige Zuchtformen mit gefärbten und strukturierten Blättern: Roter Salbei *(Salvia officinalis* 'Purpurea'*)*, Rote Gartenmelde *(Atriplex hortensis* 'Rubra'*)*, rotblättriges Basilikum *(Ocimum basilicum* 'Rothaut'*)*, gelber Oregano *(Origanum vulgare* 'Aureum'*)*, grünweiß marmorierte Ananasminze *(Mentha rotundifolia* 'Variegata'*)* oder die stahlblaue Weinrautensorte *Ruta graveolens* 'Jackmans Blue'. Und was spricht eigentlich dagegen, bunte, altbekannte Sommerblumen wie Tagetes, Schmuckkörbchen *(Cosmos bipinnatus)*, Sommer-Vergißmeinnicht *(Anchusa*

...oder dem buntblättrigen Salbei lassen sich wirkungsvolle Akzente setzen

Mit besonderen Zuchtformen wie der Roten Gartenmelde...

Sommerblumen wie Tagetes bringen Farbe in den Kräutergarten

capensis) oder Ringelblumen *(Calendula officinalis)* mit Kräutern aller Art zu mischen? Voraussetzung ist natürlich, daß Farben und Wuchsform zusammenpassen.

Theoretisch könnte man die Nutzkräuter überall in den Garten setzen, wo gerade ein Fleckchen Boden frei ist, z. B. vor höhere Stauden, an den Gehölz- oder Terrassenrand, an eine Flanke des Zierrasens oder in die Nähe des Hauseingangs. In die Tat umsetzen wird dies aber kaum jemand, denn gerade Küchenkräuter sollen in erreichbarer Nähe stehen, damit sie bequem geerntet werden können.

Kunterbunter »Wildwuchs« in der kleinen Ecke hinter dem Geräteschuppen...

...oder geordnete Beetkultur — eine Frage, die auch von individuellen Vorlieben abhängt

Eine kleine Ecke für Küchenkräuter

Je nach Größe und Zuschnitt des Gartens kann man die Würzkräuter in einer kleinen Ecke kunterbunt durcheinander wachsen lassen, wobei man hohe Stauden wie Liebstöckel, Fenchel, Estragon und Beifuß in den Hintergrund oder in die Mitte setzt, niedrigere Ein- und Zweijährige dagegen nach vorne holt. Da sich viele Kräuter im Lauf der Zeit ausbreiten oder selber aussäen, wird hier allerdings, wenn man nicht ab und zu für Ordnung sorgt, irgendwann ein undurchdringliches, duftendes und von Insekten umschwirrtes Dickicht entstehen. Das kann durchaus reizvoll und tolerierbar für denjenigen sein, den das Durcheinander nicht stört und der sich im Wirrwarr der Blätter und Triebe gut genug auskennt, um beim Pflücken für die Küche die richtigen herauszufinden.

Wahrscheinlich wird man jedoch einer »gelenkten Unordnung« oder sogar einer planvollen Pflanzung den Vorzug geben, insbesondere, wenn die Kräuter nicht nur dem Sofortverbrauch, sondern auch der Konservierung dienen, also in größeren Mengen und getrennt nach Gattungen geerntet werden. Das ist auch auf kleinem Raum durchaus möglich, indem man die einzelnen Quartiere durch Trittplatten, Steine oder Kies voneinander trennt. Auch Stellplatten oder andere Kantenbefestigungen lassen sich verwenden, damit der Platz übersichtlich bleibt und dem Wuchern Grenzen gesetzt sind. Eine Umrandung oder Abgrenzung mit Sommerblumen wie Tagetes, Ringelblumen, Fleißigen Lieschen oder Zinnien schafft einen bunten Rahmen und hebt das Beet von den umgebenden Pflanzungen ab. Auch höhere Gewächse sind möglich, sofern sie den Kräutern nicht das Licht nehmen.

Kräuter im Nutzgarten

Der traditionelle Platz für die in der Küche benötigten Würzpflanzen befindet sich im Gemüsebereich. Es muß jedoch nicht immer ein geschlossenes Kräuterbeet sein, wenn der Garten klein ist und mit jedem Quadratmeter geknausert wird. Vor allem die Einjährigen sind bei durchdachter Planung recht gut an den Beeträndern der Gemüsepflanzen unterzubringen, wobei man sich gleichzeitig die schädlingsabwehrenden Eigenschaften einiger Kräuter zunutze machen kann. So soll Bohnenkraut die Schwarze Bohnenlaus abwehren, Basilikum Schadinsekten von Tomaten und Gurken fernhalten, Borretsch den Kohlweißling, Dill Schnecken vertreiben und Kerbel andere Pflanzen vor Läusen schützen.

Für ausdauernde und hohe Kräuter wird sich vielleicht ein Platz in Kompostnähe finden lassen, der allerdings nicht beschattet sein darf; oder man setzt sie an einen kleinen Eckplatz, der eigentlich nur im Weg ist und sich für andere Kulturen kaum nutzen läßt. Auch vor einem Zaun oder vor einer Hecke, die den Gemüsegarten begrenzen, kann möglicherweise ein schmaler Streifen Boden freigemacht werden, der Nutzpflanzen zu wenig Raum bietet, für Kräuter aber ausreichend ist. Die meisten von ihnen sind ja in ihren Ansprüchen bescheiden und nehmen mit dem vorlieb, was das Erdreich ohnehin zu bieten hat.

Kräuter im Ziergarten

Es wurde bereits darauf hingewiesen, daß man die Küchenkräuter des täglichen Bedarfs aus praktischen Erwägungen nicht im ganzen Garten verteilen sollte. Nichts jedoch spricht dagegen, das eine oder andere Kraut in größeren Tuffs oder Horsten in den Bereich der Zierpflanzen zu integrieren und in die Gesamtgestaltung einzubeziehen. Lavendel und Salbei beispielsweise passen sehr gut zu Rosen, ob man nun einen einzelnen Hochstamm damit umkränzt oder sie unmittelbar vor die Rosenrabatte setzt. Pflanzungen mit Einjahrsblumen lassen sich durch Ringelblumen, Melisse und Ysop ergänzen, Rosmarin kann in einem dekorativen Terrakottagefäß seinen Platz finden und wirkt hier optisch ebenso ansprechend wie andere Kübelgewächse. Eine farblich reizvolle Kombination ergibt sich aus goldgelbem Majoran, purpurfarbener Katzenminze und den sattgrünen, feinblättrigen Trieben des Ysop.

Alternative zum traditionellen Buchsbaum: Petersilie als Beeteinfassung

Farbkleckse im Gemüsebeet: Die leuchtendgelben und -roten Blüten der Kapuzinerkresse zeigen sich den ganzen Sommer über

Lupinen bilden einen ansprechenden Hintergrund für die Gartenminze

*Salbei und Schafgarbe in dekorativ-bunter
Pflanzgemeinschaft mit roten Beetrosen*

*Die blauvioletten Farbschattierungen der
Lavendelblüten harmonieren besonders gut mit
rosaroten Rosen*

*Im mageren Boden des Steingartens finden genügsame
Kräuter optimale Lebensbedingungen*

Man kann diese Gruppierung wie ein großes
Bukett vor höher wachsende Sträucher pflanzen
oder sogar für sich allein mitten in eine größere
Rasenfläche, eventuell eingerahmt von Sommerblumen oder Stauden. Wem das immer noch zu
eintönig erscheint, der lockert das Kräuterensem-
ble mit höher wachsenden Stauden wie Indianer-
nesseln, Lupinen, Ritterspornen oder Schafgarbe
auf. Sie werden am besten ebenfalls in kleinen
Gruppen zwischen die Würzpflanzen gesetzt.
Wenn man Schnittlauch zur Blüte kommen läßt,
stehen die rötlich-lilafarbigen Köpfchen in besonders hübschem Kontrast zu *Senecio bicolor*, dem
Silberblatt, oder silbergrauen Strohblumen. Wer
ein Auge für die unterschiedlichen Grünschattie-
rungen und Blattstrukturen der Würzkräuter
besitzt, kann alleine schon durch eine planvolle
Mischung optisch ansprechende Kombinationen
erzielen, sofern in größeren Gruppen gepflanzt
wird. Nur dann nämlich ergeben sich Muster, die
ins Auge springen und gefallen.
Selbst Petersilie und Blattsellerie können in solchen Arrangements gestalterische Aufgaben
übernehmen, die man ihnen sonst gar nicht
zutrauen würde. Bei alledem sollte auch der
Duft, den viele Kräuter verströmen, nicht in Ver-
gessenheit geraten. Und schließlich sind es gerade
diese Gewächse, die Nutz- und andere Insekten
magisch anziehen, das Gartenleben bereichern
und im Ziergarten deshalb auch eine ökologische
Bedeutung haben.

Kräuter im Steingarten

Ob flächiger Steingarten oder Trockenmauer, auf
diesen der Natur nachempfundenen, kleinen oder
größeren Flächen wachsen Pflanzen, die sich
ihren Wildcharakter noch weitgehend bewahrt
haben: rosa oder weiße Katzenpfötchen, blaue
Akelei, gelber Lerchensporn, leuchtendgelbes
Steinkraut, blaues Leberblümchen, weiße, gelbe
und rote Steinbreche und viele andere. Hier findet
sich auch ein wahres Paradies für vielerlei Kräuter,
die pralle Sonne lieben und mit wenig Feuchtigkeit auskommen: Bergbohnenkraut *(Satureja
montana)*, Goldthymian *(Thymus* x *citriodorus*

Attraktive Duftpflanzen für den lauschigen Sitzplatz im Garten: Lavendel und Salbei

Bunte Blütenpracht am Zaun: Wildblumen und -kräuter passen bestens zusammen

'Aureus')‚ Goldmajoran *(Origanum vulgare* 'Aureum')‚ Frauenmantel *(Alchemilla alpina)*, Tripmadam *(Sedum reflexum)*, Echter Salbei *(Salvia officinalis)*, Weinraute *(Ruta graveolens)* und Ysop *(Hyssopus officinalis)*. An kargen Standorten, die den steinigen Hängen in ihrer Heimat ähneln, entwickeln diese genügsamen Arten ein besonders kräftiges Aroma.

Wenn Zuschnitt und Lage des Steingartens es zulassen, kann man weitere, gleichfalls sonnenliebende, aber nicht so trockenresistente Kräuter an die Seiten setzen und mit Sommerblumen und Stauden einen Übergang zu benachbarten Pflanzungen schaffen. Schließen sich Sträucher oder kleine Bäume an, fallen auch Großkräuter wie Fenchel, Liebstöckel, Alant und Engelwurz nicht aus der Rolle.

Kräuter am Sitzplatz

Als Alternative zur Terrasse, dem »grünen Wohnzimmer« des Sommers, haben sich viele Gartenbesitzer einen zweiten Sitzplatz etwas entfernt vom Haus eingerichtet, wo es ruhig ist, wo man ausspannen, die Natur genießen und sich für eine Weile in den lichten Schatten von Bäumen oder Sträuchern zurückziehen kann. Gerade hier können auch einige Kräuter und Wildblumen ihren Platz finden, die nicht unbedingt für die Küche bestimmt sind, sondern durch ihren Duft oder durch die Farbe der bienenumsummten Blü-

ten, aber auch wegen ihrer Anziehungskraft auf Schmetterlinge und andere Insekten gut in diese beschauliche Nische passen. Hohe Gewächse wie Königskerzen, Nachtkerzen, Stockmalven, Alant oder Engelwurz sollten etwas entfernt oder im Hintergrund stehen. Duftkräuter hingegen – verschiedene Arten von Thymian, Minze und Salbei, Basilikum, Zitronenmelisse und Oregano – rückt man möglichst nahe an den Sitzplatz, um den Wohlgeruch der ätherischen Öle, den sie verströmen, genießen zu können. Dabei muß so gepflanzt werden, daß zwischen den ausdauernden Gewächsen immer genügend Platz für die jährlich neu anzupflanzenden Einjährigen bleibt. Schnittlauch, Petersilie und Dill würden als reine Küchenkräuter in dieser Gesellschaft nicht weiter auffallen, und Borretsch kann man mit seinen hübschen blauen Blüten ebensogut den Blumen zurechnen. In einen geschniegelten Garten mit englischem Rasen und Edelrosen paßt das alles ohnedies nicht.

Die Kräuter- und Wildblumenrabatte

Eine derartige, buntgemischte Pflanzung kann sich an einem Zaun oder an einem mit Natursteinen belegten Gartenweg entlangziehen, sich aber auch in unmittelbarer Nähe der Terrasse befinden, wo man den Duft in der Nase und die Gewächse im Auge hat. Gehen Sie bei einem

In dieser Rabatte ergänzen sich hochwüchsige Kräuter und Blütenstauden

Ob zartgrün oder graugrün — die Laubfärbung der Ananasminze…

solchen Beet mit dem Platz nicht allzu sparsam um, denn Wildblumen warten mit bescheidenerem Flor als die großblütigen Hochzüchtungen auf; es empfiehlt sich deshalb, die einzelnen Gattungen und Arten immer in kleineren oder größeren Tuffs zusammenzufassen, um Wirkung zu erzielen. Bei hohen Gewächsen wie Engelwurz, Königskerze oder Sonnenblume kann man von dieser Regel abweichen.

Bei der Zusammenstellung sollte man sich außerdem von den Blüten- und Laubfarben leiten lassen, wobei eine bunte Mischung besonders ansprechend wirkt und dem Charakter einer natürlichen Pflanzung am besten entspricht. Ist die Rabatte großzügig bemessen, kann man auch vom üblichen Schema abweichen, hohe Gewächse in den Hintergrund und kleinere davor zu setzen. Eine wechselnde, horizontale Anordnung von großen mit Tuffs niedriger, horstbildender Pflanzen bringt Spannung in die Anlage und sorgt für optische Überraschungen.

Ist das Beet breiter als etwa 1 m, empfiehlt es sich, Trittsteine zwischen die einzelnen Pflanzengruppen zu legen, damit man bequem jäten und auslichten kann. Unterbleibt diese Pflege, entwickelt sich im Lauf der Zeit ein heilloses Durcheinander, das sich nur durch Radikalmaßnahmen wieder in Ordnung bringen läßt. Bei der Längsausdehnung kann man ganz nach Belieben und nach vorhandenem Platz vorgehen, wobei sich die Wirkung der einzelnen Pflanzen und Pflanzengruppen mit zunehmender Größe der Rabatte verstärkt.

…und des Salbeis sorgen für Abwechslung im Kräuterbeet

Blattfarben und –strukturen als reizvoller Blickfang

Übersehen Sie bei der Auswahl auf keinen Fall den Reiz, den buntes oder panaschiertes Blattwerk ausübt. Auch die eher bescheidenen Wildblumenblüten kommen wirkungsvoller zur Geltung, wenn sich das Auge bei Übergängen aus interessant gefärbtem Laub ausruhen und der Gesamtkomposition immer neue Aspekte abgewinnen kann. Auffallend helle oder silbergraue Blätter präsentieren z. B.: Eberraute (*Artemisia abrotanum*), Wermut (*Artemisia absinthium*), Gartenbalsamine *(Impatiens balsamina)*, Eibisch *(Althaea officinalis)*, Gartennelke *(Dianthus caryophyllus)* mit zahlreichen Formen und Sorten, Heiligenkraut *(Santolina chamaecyparis-*

21

sus), Lavendel *(Lavandula angustifolia)*, Marienblatt *(Chrysanthemum majus)*, Roßminze *(Mentha longifolia* var. *longifolia)*, Apfelminze *(Mentha rotundifolia)*, Ananasminze *(Mentha rotundifolia* 'Bowles')*, Raute *(Ruta graveolens* 'Jackmans Blue')*, Stranddistel *(Eryngium maritimum)*, Thymian *(Thymus praecox* var. *pseudolanuginosus)*, Ziest *(Stachys byzantina)*.

Zu den Pflanzen mit bunten Blättern gehören u. a.: Mädesüß *(Filipendula ulmaria* 'Variegata')*, cremefarben und goldgelb; Lungenkraut *(Pulmonaria officinalis)*, silbern gefleckt; Minze *(Mentha* x *gentilis* 'Variegata')*, grün und cremefarben; Raute *(Ruta graveolens* 'Variegata')*, grün und cremefarben; Gartensalbei *(Salvia officinalis* 'Icterina')*, grün und goldgelb, *(S. officinalis* 'Tricolor')*, purpur, rosa und weiß. Besonders hübsch als Auflockerung und Blickfang wirken auch Pelargonien mit grünem und cremefarbigem Laub, die man, da nicht winterhart, allerdings mit Töpfen in die Wildblumenrabatte einsenken muß, beispielsweise *Pelargonium crispum* 'Variegatum' und *P. graveolens* 'Variegatum'.

Goldgelbe Töne bringen schließlich Gemüse-Portulak *(Portulaca oleracea* ssp. *sativa)*, Mutterkraut und Edelkamille *(Chrysanthemum parthenium)*, Thymian *(Thymus* x *citriodorus* 'Aureus')* und Oregano *(Origanum vulgare* 'Aureum')*.

Damit so ein Beet nicht erst im Sommer blüht, kann man an die Ränder Frühlingszwiebelblumen, Primeln, Vergißmeinnicht und Gänseblümchen pflanzen und mit immergrünem Buchs für Belebung auch im Winter sorgen. Wo der Platz dafür ausreicht, paßt eine ungefüllte, schlichte Rose hervorragend hierher, z. B. *Rosa canina*, die Hundsrose, *Rosa canina* 'Kiese', *Rosa foetida* 'Bicolor', die Kapuzinerrose, *Rosa hugonis* oder *Rosa rugosa*, die Kartoffelrose.

Der Kräuterrasen

Obwohl ein Kräuterrasen bei der Wahl geeigneter Pflanzengattungen und richtiger Pflege im Gegensatz zur Wildblumenwiese durchaus betreten werden kann, stellt er keinen Ersatz für den Spiel- oder Gebrauchsrasen dar. Deshalb steht der Begriff »Rasen« hier auch nur für flächige Pflanzung, sagt aber nichts über die Qualität einer derartigen Anlage aus. Es wäre daher weder praktisch noch ökonomisch, wollte man ein größeres Areal, wie das beim Zierrasen meist der Fall ist, mit Duftkräutern bepflanzen. Mehr als 5 m² sollte man dafür nicht vorsehen, es können aber durchaus auch weniger sein; denn der Kräuterrasen stellt ähnlich einem Blumenbeet oder dem Steingarten ein gestalterisches Element besonderer Art dar, das man betritt, um den aromatischen Duft der Kräuter einzuatmen.

In der Praxis haben sich Römische Kamille *(Chamaemelum nobile*, syn. *Anthemis nobilis)*, Feldthymian *(Thymus serpyllum)* und Poleiminze *(Mentha pulegium)* bewährt. Vor allem in England ist viel mit Kräuter- und Duftrasen experimentiert worden, wobei den dortigen Gärtnern zugute kommt, daß sie unter zahlreichen Thymianarten und -sorten wählen können. Dabei entstanden Rasenflächen im Schachbrettmuster mit den unterschiedlichsten Schattierungen oder Thymianrondelle, die ebenfalls durch ihre bunte Vielfalt auffallen. Beim Kamillerasen wird besonders das nichtblühende, raschwüchsige und niedrige *Chamaemelum nobile* 'Treneague' empfohlen, das angeblich aus dem Garten des Buckingham-Palasts stammt und, da es keine Samen ausbildet, als Jungpflanze gekauft werden muß.

Gut geeignet für den Duft- und Kräuterrasen:
der Feldthymian

Anlage und Pflege

Obgleich man auch bei uns im spezialisierten Samenhandel die eine oder andere importierte Sorte erhält, sollte man sich mit einer der drei oben genannten Gattungen für den Kräuterrasen im Hausgarten zufriedengeben. Vor der Aussaat oder Pflanzung ist die Fläche penibel von jeglichem Unkraut zu befreien, eventuell deckt man für die Dauer einer Vegetationsperiode den Boden mit schwarzer Mulchfolie ab, um auch Wurzelunkräuter wie Quecke oder Winde abzutöten. Die radikalste und zweifellos bequemste Art der Unkrautabwehr mit Hilfe von Herbiziden (Unkrautvernichtungsmitteln) kann auf keinen Fall empfohlen werden, da die Gefahr der Schädigung anderer Gewächse zu groß und der Einsatz im Sinne des Umweltschutzes abzulehnen ist. Auch im bereits bestehenden Kräuterrasen sind es übrigens die unerwünschten pflanzlichen Mitbewohner, die einem den Spaß am Experiment verderben können. Denn ohne regelmäßiges Jäten läßt sich die Fläche nicht sauberhalten, da der Zuflug oder die Verbreitung von Wildkräutersamen durch Vögel kaum zu verhindern ist. Bei einer kleinen Fläche hat es sich deshalb als recht praktisch erwiesen, das unkrautfreie Beet mit schwarzer Mulchfolie abzudecken, sie an den vorgesehenen Pflanzstellen mit Kreuzschnitten zu versehen

Auch die duftende Poleiminze kann als Bodendecker für flächige Pflanzungen verwendet werden

und die Kräuter dort hineinzusetzen. Danach wird die gesamte Fläche mit Sand oder Kies bestreut, der schon bald unter den sich ausbreitenden Pflanzen verschwindet und die oberirdische Entwicklung von Ausläufern nicht behindert.

Wenn dem Kräuterrasen ein Platz zugedacht ist, auf dem vorher andere, regelmäßig gedüngte Kulturpflanzen standen, muß man dem Boden Zeit geben, abzumagern. In nährstoffreicher Erde wachsen Wildkräuter nur spärlich oder überhaupt nicht, so daß die Fläche am besten ein Jahr lang brach liegenbleibt – ein Zeitraum, in dem man jedes unerwünschte Gewächs ausjäten kann. Gesät oder gepflanzt wird dann im Mai, wobei die eigene Jungpflanzenanzucht am preisgünstigsten kommt; Wildkräuter sind hierzulande meist nur in kleinen Portionstütchen erhältlich, und bei einer größeren Fläche geht das ins Geld. Wer sich dennoch für Direktsaat entscheidet, streut die Körner breitwürfig aus und verpflanzt später im Abstand von 15 oder 20 cm. Bei der schnellwüchsigen Römischen Kamille kann damit gerechnet werden, daß sich bereits bis zum Spätsommer des ersten Jahres ein dichter Rasenteppich gebildet hat, wenn der Platz vollsonnig, der Boden mager und durchlässig ist. Für etwas beschattete, feuchte Stellen, z. B. im Randbereich des Gartenteichs, bietet sich die Poleiminze an. Ob man den Kräuterrasen durch gelegentliches Mähen kurz hält, oder ihn wachsen läßt, um sich an den Blüten und den umherschwirrenden Insekten zu erfreuen, bleibt jedem selbst überlassen.

Die Wildkräuterwiese

Die Ansprüche der Wildkräuter- und Wildblumenwiese gleichen denen des Kräuterrasens, d. h. also unkrautfreier und vor allem ungedüngter Boden in sonniger Lage. Auch diese Pflanzengesellschaft kann den Rasen nicht ersetzen und sollte nur nach dem Mähen eine Zeitlang betreten werden. Im üblichen, eher kleinen Hausgarten wird man daher am besten nur wenige Quadratmeter dafür vorsehen oder im Rasen kleine Kräuterinseln schaffen, die für optische Abwechslung sorgen und zahlreiche Insekten anlocken. Wo eine größere Fläche in dieser Weise gestaltet werden soll, zieht man mit dem Rasenmäher begehbare Pfade durch das gewollte Wildpflanzenmeer, die dann regelmäßig kurz gehalten werden müssen.

Der Handel bietet heute fertige Mischungen mit und ohne Grassamen sowie spezielle Wildblumensamen zum Nachsäen an, z. B. Wiesengänseblümchen, Duftveilchen und Kissenprimeln, die sich unter günstigen Bedingungen selbst aussäen. Bei den Mischungen kann man zwischen Blumenwiese, Wiesenblumen-Kräutermischung, Schmetterlingswiese oder Blumenrasen wählen, stets mit ein- wie mehrjährigen Kräutern und Blütenpflanzen. Diese sehr variable Zusammenstellung ist auch der Grund dafür, daß eine Wildblumen- oder -kräuterwiese ihr Aussehen von Jahr zu Jahr verändert, daß immer wieder neue Gewächse auftauchen und andere ganz verschwinden.

Anlage und Pflege

Am besten gedeihen Wildkräuter und -blumen, wie schon gesagt, an sonniger Stelle auf abgemagertem Boden. Lehmiges, nahrhaftes Erdreich erhält durch Zugaben von Sand und Torf eine für die Pflanzen günstigere Struktur. Im Boden vorhandene und durch diese Bearbeitung aufkeimende Unkräuter wie Kratzdistel, Brennessel, Sauerampfer oder Hirtentäschel können ökologisch wertvoll sein, entscheiden Sie also selbst, ob sie entfernt werden sollen. Sollte Unkrautwuchs trotz sorgfältiger Bodenvorbereitung doch überhandnehmen, empfiehlt sich ein Schröpfschnitt mit hochgestelltem Rasenmäher bei 20-25 cm Pflanzenhöhe – im ersten Jahr spätestens im August, sonst werden die Stauden unterdrückt, und die Blüte im darauffolgenden Jahr bleibt aus. Man sät fein und gleichmäßig verteilt, überharkt nur leicht und tritt oder walzt das Saatbeet ab. Während der Keimung ist die Fläche ständig feucht zu halten, ohne sie zu verschlämmen, d. h. man wird den Sprühschlauch oder Sprenger 5–7 Wochen lang täglich 5–10 Minuten laufen lassen müssen; denn Austrocknung in der Keimphase bringt die Samenkörner zum Absterben.

Die Wildkräuter in dieser Pflanzung sind in natürlich wirkender Mischkultur gruppiert

Sollen schon bestehende Rasenflächen in eine Wildkräuterwiese umgewandelt werden, genügt es nicht, den Samen einfach zwischen die Gräser zu streuen. Da die Körnchen zum Keimen innigen Bodenkontakt benötigen, muß man den Boden mit Fräse, Grubber oder Krail aufreißen, die Grasnarbe so gut es geht zerstören und die Wurzelsoden abräumen. Vertikutieren hat sich in der Praxis als weniger zweckmäßig erwiesen, weil dadurch nur der Graswuchs gefördert wird. Eine andere, allerdings langwierigere Methode besteht darin, im Rasen Wildkräuterinseln anzulegen in der Hoffnung, daß sich die Neuankömmlinge im Lauf der Zeit von dort aus verbreiten und den Graswuchs unterdrücken.

Schließlich können Sie auch Wildpflanzen kaufen oder aus Samen selbst heranziehen und die Blumenwiese damit bereichern. Sowohl einjähriger Mohn wie auch die Zweijahresblumen Fingerhut, Königskerze, Nachtkerze und Steinklee säen sich selber aus, wenn sie erst einmal Fuß gefaßt haben. Gemäht wird ein- oder zweimal jährlich, Anfang Juli und eventuell noch einmal im Herbst, auf jeden Fall aber so, daß man sich nicht selbst der schönsten Blühphase beraubt.

Naturnahe Kräuterwiese mit Mohn, Königskerze, Mutterkraut und Schafgarbe

Abgrenzung mit schönem Farbeffekt: Ringelblume und Borretsch am Rand eines Gemüsebeets

Einfassung mit Kräutern

Einige Kräuter eignen sich gut dazu, Beet- oder Rabattenränder zu bepflanzen und als Abgrenzung für dahinter stehende Sommerblumen oder Stauden zu dienen. Majoran, Zitronenthymian oder Bibernelle sehen als Umrandung recht ansprechend aus, besonders wenn man Ringelblumen oder Fleißige Lieschen als »Farbtupfer« dazwischen setzt. Krause Petersilie und Schnittlauch sind weniger zu empfehlen, weil sie vom Betrachter sogleich als typische Küchenkräuter erkannt werden und störend wirken können, wenn man sie in einer langen Reihe pflanzt.

Höher wachsende Kräuter wie Engelwurz, Liebstöckel, Beifuß oder Fenchel lassen sich auch als Hintergrundpflanzung für eine größere Rabatte verwenden, besonders, wenn das Beet entlang einer Hauswand oder Mauer verläuft. Man schafft dann einen grünen Hintergrund für die davor stehenden Blütengewächse. Wie überall im Garten gilt auch hier der Grundsatz: nur das anpflanzen, was gefällt, sich harmonisch in die Nachbarschaft einfügt und auf dem vorgesehenen Standort gedeiht. Kräuter wie Minze, die sich stark ausbreiten, kultiviert man am besten in Töpfen, die bis zum Rand in den Boden eingesenkt werden.

Die Kräuterhecke

Einige verholzende Gewürz- und Duftkräuter lassen sich gut für niedrige bis halbhohe Hecken verwenden. Sie wirken gefälliger und interessanter als der mitunter etwas eintönige Einfassungsbuchs der Bauerngärten, vertragen nicht nur, sondern verlangen sogar regelmäßigen, manchmal häufigeren Schnitt, sind aber meist nicht sehr langlebig. Mit beginnender Verkahlung nach einigen Jahren muß man dann neu anpflanzen. Das stellt bei den kleinen Arten kein Problem dar, nicht einmal ein finanzielles, wenn rechtzeitig Stecklinge geschnitten werden und damit für »hausgemachten« Nachwuchs gesorgt wird.

Natürlich kann man mit Kräuterhecken keine mannshohen, grünen Sichtschutzwände auf-

25

Kleinheckenpflanze mit leuchtendgelben Blüten: das Heiligen- oder Zypressenkraut

Aus höherwachsenden Lavendelarten können recht stattliche Hecken geformt werden

bauen. Sie wirken aber als Beeteinfassung, Wegbegleitung oder Trennelement zur Gliederung des Gartens sehr apart. Der Echte Lavendel *(Lavandula angustifolia)* wird immerhin bis zu 1 m hoch, so daß sich aus ihm schon recht passable, immergrüne Hecken formen lassen, die über eine reine Einfassung hinausgehen. Wenn Sie das Glück haben, eine spezielle Kräutergärtnerei ausfindig zu machen, sollten Sie dort nach weiteren Lavendelarten und -sorten Ausschau halten und eventuell rosa- und weißblühende Formen kombinieren. Vielleicht finden Sie ja auch Gefallen an weniger hohen bis niedrigen Arten. Ist genügend Platz vorhanden, kann die Lavendelhecke – wie andere Hecken auch – zwei- oder dreireihig gepflanzt werden, um eine höhere Dichte zu erreichen. Kräftig zurückgeschnitten wird im Spätfrühling, besser aber erst nach der sommerlichen Blüte, um sich nicht des duftenden Flors zu berauben.

Bis zu 60 cm hohe Hecken bildet das Heiligenoder Zypressenkraut *(Santolina chamaecyparissus)*, das durch silbriges Blattwerk und leuchtendgelbe Blüten auffällt. Niedrige Umrandungen erreicht man mit der Zwergform *S. chamaecyparissus* 'Nana'. Um einen möglichst dichten Wuchs zu erzielen, sollte man im Früh- und Spätsommer zurückschneiden, selbst wenn das auf Kosten der Blüte geschieht. Heiligenkraut braucht in strengen Wintern Schutz, am härtesten ist wohl *S. chamaecyparissus* ssp. *lindavica*. In klimagünstig gelegenen Gebieten sind alle Heiligenkräuter

immergrün, was ihren Wert als Kleinheckenpflanze noch erheblich steigert.

Zu etwa halbmeterhohen Hecken verhelfen uns Ysop *(Hyssopus officinalis)* und Weinraute *(Ruta graveolens)*. Bei der Weinraute besticht die Sorte 'Jackmans Blue' mit ihrem stahlblauen Laub, beim Ysop erfreut 'Roseus' mit leuchtend rosafarbenen Blüten, während die Art blau blüht. Nur 30 cm wird *Hyssopus officinalis* ssp. *aristatus*, der sich zusammen mit dem etwa gleichhohen Edelgamander *(Teucrium chamaedrys)* zu einer niedrigen Hecke erziehen läßt. Bis auf den Gamander, der etwas Schatten verträgt, sollten alle genannten Pflanzen in voller Sonne stehen, niedrige mit etwa 20 cm Abstand, höhere kann man entsprechend weiter auseinander setzen.

Obleich Rosmarin besonders in seinen aufrechtwachsenden Formen durchaus mannshoch werden und ansehnliche Hecken bilden kann, ist von einer Auspflanzung dieses mediterranen Strauchs bei uns abzuraten. Selbst im milden Weinbauklima sind harte und lange Winter nicht auszuschließen. Sie werden von den Pflanzen meist nicht überstanden; zumindest ist mit Ausfällen zu rechnen, und derartige Lücken lassen sich in der Hecke nur mühsam wieder schließen. Übrigens sollte man auch die winterharten Kräuter nicht überbeanspruchen und den letzten Schnitt bereits im Spätsommer vornehmen, damit sich die Neutriebe noch vor den ersten Frösten gut entwickeln können.

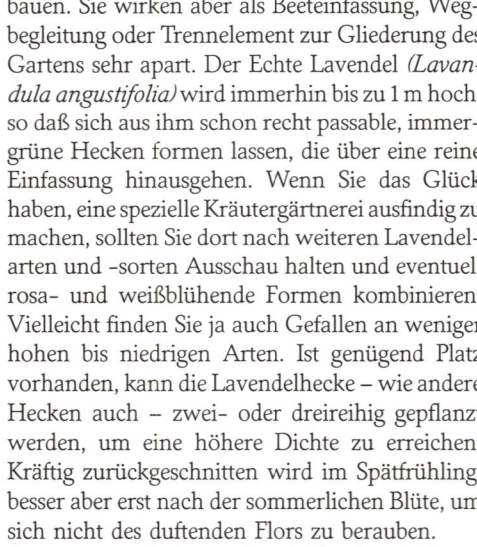

Als Randbepflanzung für Gartenwege ist der Frauenmantel gut geeignet

Steinige »Kulissen« lassen sich durch buntgemischte Kräuter auflockern (im Bild: Monatserdbeere, gelber Oregano, Rosmarin, Lavendel, Melisse und Fenchel)

Der Kräuterweg

Gepflasterte oder geplättelte Pfade, die durch den Garten führen, aber auch flache, mit Natursteinen belegte Treppen gewinnen an Reiz, wenn man am Rand oder in den Fugen duftende Kräuter wachsen läßt. Auf dem begehbaren Teil müssen sie niedrig und einigermaßen trittfest sein, an den Rändern, bei einer Treppe im angrenzenden Randbereich, können auch höherwerdende Arten Platz finden, vielleicht hier und da unterbrochen durch Wildstauden. Da es für derartige Pflanzungen keine festen Regeln zu beachten gilt, ist alles erlaubt, was gefällt und – duftet.

Falls erhältlich, können Sie sich gänzlich auf die »Rasenkamille« *Chamaemelum nobile* 'Treneague' verlassen, die zwar nicht blüht, dafür aber Wohlgeruch verströmt, wenn man auf sie tritt. Auch unter dem formenreichen und mit vielen Sorten vertretenen Feldthymian *(Thymus serpyl-*

lum) finden sich ausgezeichnete Bodendecker, die scharlachrote, rosafarbene oder weiße Blüten zur Schau stellen und sich willig ausbreiten. Der niedrige Frauenmantel *(Alchemilla xanthochlora)* käme hier ebenfalls in Frage, wenn man ihn nicht allzusehr strapaziert, während die bekannte, höherwachsende Art *Alchemilla mollis* mit ihren lindgrünen, weichbehaarten Blättern besser im Randbereich aufgehoben ist. Man muß diese Pflanze im Auge behalten, weil sie sich selbst aussät und mehr Nachkommen produziert, als willkommen sind.

Bis auf den Frauenmantel, der etwas Schatten und feuchten Boden liebt, wollen die meisten Kräuter vollsonnig und auf gut durchlässigem Erdreich stehen.

Selbstverständlich passen Kräuter als Abkömmlinge der Wildpflanzenflora am besten zu einer natürlichen Umgebung, zu Wegen und Pfaden also, die mit Natursteinen, Kies oder Rindenmulch belegt wurden. Aber das ist kein zwingendes Muß. Wo sich zwischen Beton- oder Kunststeinen Fugen oder Aussparungen finden lassen, nimmt der duftende Bewuchs diesen Materialien viel von ihrer Monotonie, macht sie freundlicher und schafft optische Übereinstimmung mit dem umgebenden Grün. Sogar eine größere, mit Beton-Verbundsteinen geplättelte Fläche läßt sich liebenswert auflockern, wenn man einige Elemente herausnimmt und die Stellen mit Kräutertuffs bepflanzt.

27

Gestaltete Kräutergärten

In den vorangegangenen Kapiteln wurde gezeigt, wie und wo man Würz- und Duftkräuter im Garten unterbringen und für die Gestaltung nutzen bzw. in andere Pflanzungen integrieren kann. Bei den folgenden Vorschlägen und Ideen für Beetanlagen sind die vielseitig verwendbaren Gewächse die Hauptakteure. Ein Großteil der Anregungen hat vor allem im kleinen Garten durchaus auch praktischen Wert, verbindet das Angenehme mit dem Nützlichen, bietet dem Hobbygärtner Anbauhilfen und stellt gleichzeitig ein nicht immer alltägliches, schmückendes Detail dar. Manches mutet ein wenig weit hergeholt und verspielt an – und ist es wohl auch. Doch welcher Gartenliebhaber oder gar Kräuterfan experimentiert nicht gern und bewegt sich mit seinem Hobby damit etwas außerhalb des Üblichen? Schließlich braucht man den hier gezeigten Möglichkeiten origineller Kräuterpflanzungen ja auch keineswegs »maßstabsgetreu« zu folgen, man kann abwandeln, verändern, eigene Ideen hinzufügen, das Dargestellte den Verhältnissen vor Ort anpassen oder sich zu etwas ganz Neuem inspirieren lassen. Vor Experimenten wird **nicht** gewarnt!

Das rechteckige Kräuterbeet

Es ist die ökonomischste und übersichtlichste Form, Kräuter auf einer einzigen Anbaufläche zusammenzufassen und ähnelt in seiner Zweckmäßigkeit den Beeten im Gemüsegarten. Um so mehr muß man sich gerade hier an einige spezifische Regeln halten, damit alles wächst und die einzelnen Pflanzen gut erreichbar sind. Sofern der Platz ausreicht, spricht natürlich nichts dagegen, auch den optischen Aspekt mit zu berücksichtigen, beispielsweise durch eine Umrandung mit bunten Sommerblumen. Sie dürfen allerdings nicht zu hoch werden, damit die Kräuter für den täglichen Küchenbedarf ohne Mühe geerntet werden können.

Man sorgt hier für eine klare Trennung von einjährigen und ausdauernden Pflanzen, weist der wuchernden Minze einen Platz am Rand zu, wo man ihren Ausbreitungsdrang im Griff hat, und rückt hohe Arten wie Dill, Fenchel, Beifuß oder Liebstöckel nach hinten; sie sollten möglichst an der Nordseite stehen, damit den anderen nicht das Licht genommen wird. Ein nur von einer Seite erreichbares Beet sollte nicht breiter als etwa 80 cm sein, um mühevolles Arbeiten und Pflücken zu vermeiden; ist der Platz von zwei Seiten zugänglich, kann die Breite verdoppelt werden. Wenn die Raumverhältnisse des Gartens zur Anlage einer quadratischen Pflanzung zwingen, wird man die Fläche je nach Größe durch einen oder mehrere Wege, möglicherweise mit Querachse, unterteilen oder durch unregelmäßig plazierte Trittplatten begehbar machen. Ob sich so ein kleiner Kräuter-Nutzgarten im Zierbereich unterbringen läßt oder besser dem Gemüse zugeordnet wird, hängt von den örtlichen Gegebenheiten ebenso wie von den Vorstellungen des Gartenbesitzers ab.

In diesem Beet am Haus sind die Kräuter gut erreichbar. Zudem kommt den Gewächsen die Wärmeabstrahlung von Mauer und Trittplatten zugute

*Die dreieckigen Pflanzquartiere
dieses formal gestalteten Kräutergartens werden
aus Natur- und Klinkersteinen geformt. Schmückendes Detail
im Zentrum ist ein Rondell mit gelb- und rotblühenden Strauchrosen*

Der formale Kräutergarten

Diese Form setzt etwas mehr Platz voraus, weil es sich dabei um einen kleinen Garten im Garten handelt – ganz gleich, in welchen Bereich man ihn eingliedert. Geprägt wird er von gerade verlaufenden Wegen aus Kunst- oder Natursteinplatten bzw. Ziegeln oder Klinkern, die man in großflächigeren oder feineren Mustern verlegen kann. Sie erlauben nicht nur einen bequemen Zugang zu den neben oder zwischen ihnen angesiedelten Kräutern, sondern wirken auch dem Ausbreitungsbedürfnis wuchernder Arten entgegen und unterstreichen die Geometrie der Gesamtanlage. Die Mitte des Areals könnte eine Sonnenuhr, eine Skulptur, ein großes Terrakottagefäß, eine Hochstammrose oder sogar ein kleiner Teich einnehmen und damit ein schmückendes Element in die Pflanzung bringen. Ebenso wäre die Umrahmung der Wege oder der Kräutermulden mit niedrigem Einfassungsbuchs *(Buxus sempervirens* 'Suffruticosa'*)* oder den bei Kräuterhecken genannten Gewächsen möglich, die hier

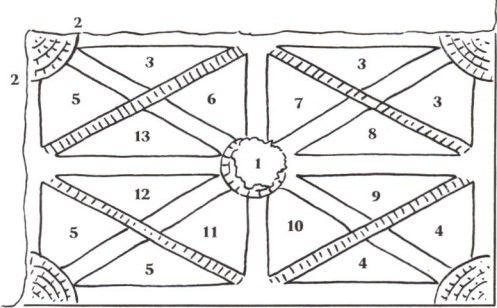

Bepflanzungsskizze:
1 Strauchrose oder Hochstammrose
2 Kletternde Wildrose
3 Gänseblume
4 Ysop
5 Ringelblume
6 Petersilie
7 Schnittlauch
8 Lavendel
9 Senf
10 Pfefferminze
11 Estragon
12 Weinraute
13 Liebstöckel

29

allerdings einem regelmäßigen und strengen Schnitt unterzogen werden müssen. Da sie reinen Gestaltungszwecken dienen, ist der Flor zweitrangig.

Besonders reizvoll kann es sein, wenn dieser aus sich selbst lebende Kräutergarten nach außen hin optisch abgeschirmt wird, beispielsweise durch eine niedrige Natursteinmauer, ein Klettergerüst mit Rankpflanzen oder durch ein anderes Trennelement. Dann präsentiert sich das Würz- und Duftpflanzenquartier wie eine Miniaturbühne im großen Gartentheater, die man erst gewahr wird, wenn der umgebende Vorhang den Blick darauf freigibt. Eine andere Möglichkeit wäre, den Vorgarten ganz oder teilweise der formalen Kombination von Kräutern und Wegen zu überlassen, wobei man die Anlage durch in den Hintergrund, vielleicht in Hausnähe gepflanzte Sträucher auflockern kann.

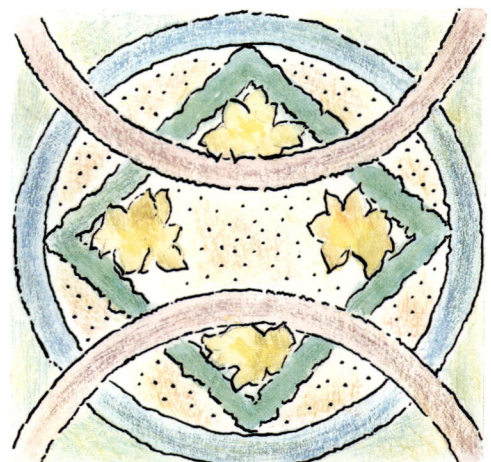

Bei der Anlage eines streng-geometrischen Ornamentgartens sind Planskizzen unerläßlich. Die einzelnen Linien werden entsprechend den Farben der vorgesehenen Bepflanzung koloriert

Der ornamentale Kräutergarten

Zwar wird man im modernen Hausgarten kaum dem Muster der traditionellen Ornamentanlagen fürstlicher Gartenarchitekten aus vergangenen Zeiten folgen können und wollen, in denen raffiniert verschlungene Linien aus Pflanzen und Bodenbelägen den Ton angaben. Aber locker gestaltete Ornamente aus geraden oder geschwungenen Strecken, aus Drei- und Vierecken oder Kreisen lassen sich auch auf einer relativ kleinen Fläche anlegen. Für die Linienführung kann man Viereck-Pflastersteine, Klinker, Natur- oder Kunststeinplatten verwenden, oder man greift auf die bereits erwähnten Kräuter wie niedrige Lavendelarten, Heiligenkraut, Ysop, Edelgamander und Salbei zurück und hält sie durch Schnitt formschön und dicht. Ob Stein oder Pflanze – in die durch die Ornamentumrandung gebildeten Räume kommen Duft- und Küchenkräuter oder eingefärbter Splitt, wie er im Baustoffhandel angeboten wird. Als Alternative bieten sich Kies und Rindenmulch an, zur Ausschmückung Sommerblumen wie z. B. Tagetes, Ringelblumen oder Fleißige Lieschen.

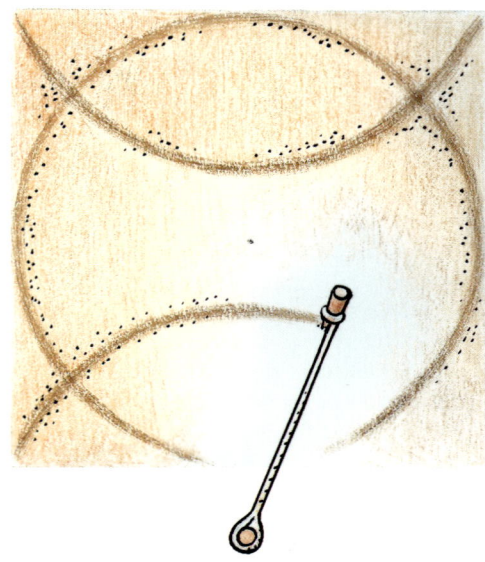

Nach dem Abstecken der Beetfläche werden Kreise, Kreisbögen und Rauten mit Hilfe von Stöcken und Schnüren markiert

Den optischen Akzent in diesem aus drei Kräuter-
arten geflochtenen Arrangement setzt die mächtige
Königskerze mit ihren leuchtendgelben Blüten.
Die gesamte Fläche kann noch durch versenkte Rund-
oder Halbrundhölzer eingerahmt werden

Bepflanzungsskizze:
1 Heidekraut
2 Petersilie
3 Lavendel
4 Königskerze
5 Kamille

Die Räume zwischen den Ornamentlinien kann man
mit Kies, Rindenmulch oder eingefärbtem Splitt
überstreuen. Außerdem findet sich hier Platz für
kleinwüchsige Würzkräuter

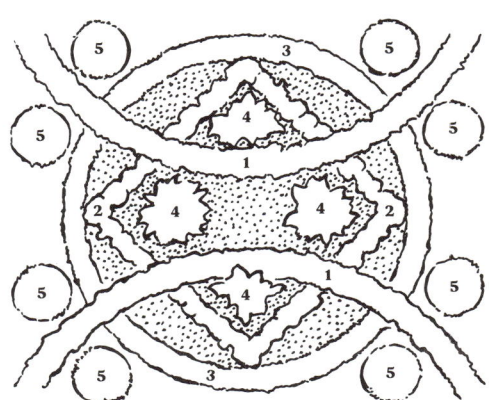

Ganz gleich, wie groß oder räumlich begrenzt Sie den Ornamentgarten anlegen, bei der Ausgestaltung darf nichts dem Zufall überlassen bleiben, müssen sowohl die Muster als auch die Bepflanzung vorab auf dem Papier ausprobiert und festgelegt werden. Kataloge und Gartenbücher mit Farbabbildungen sind bestens geeignet, um die gewünschten Pflanzen aufeinander abzustimmen. Achten Sie dabei auch auf Laubfärbung und Blattstrukturen, auf Wuchshöhe und Standortansprüche. Dann werden die Linien und Ornamente in den Plan eingezeichnet und mit Buntstiften analog der Vorlagen markiert. Das Ergebnis ist ein grobes Raster, das durch die unnatürlichen Farben zunächst einmal eher abschreckend wirkt. Mit etwas Phantasie und mit Hilfe der anschaulichen Pflanzenporträts läßt die Planskizze jedoch durchaus die spätere Realität erkennen. Zum Anlegen der Muster auf der vorbereiteten, von jeglichem Unkraut befreiten und geglätteten Fläche bedient man sich einfacher Hilfsmittel. Mit einer an einem in die Erde geschlagenen Holzpflock befestigten Schnur werden Kreise und Halbkreise gezogen und mit feinem Sand markiert, und auch gerade verlaufende Strecken sollte man nicht »frei Hand« festlegen. Das fertige Raster wird dann, wie skizziert, mit den vorgesehenen Pflanzen und Materialien gefüllt.

Über eines muß man sich beim Ornamentgarten freilich klar sein: So klar und abgezirkelt wie auf dem Papier werden die Linien und Bögen nicht verlaufen – es sei denn, Sie verwenden für die einzelnen Muster ausschließlich kurz gehaltenen und scharf geschnittenen Einfassungsbuchs, bedecken die Flächen dazwischen großzügig mit Rindenmulch, Kies oder Splitt und setzen die Kräuter mit weitem Abstand hinein. Dies wiederum setzt voraus, daß der Anlage reichlich Platz eingeräumt wird wie auf den Gartenbauausstellungen.

Die Kräuterrabatte

Im Gegensatz zur gemischten Kräuter- und Wildblumenrabatte ist diese Art der Pflanzung ausschließlich den Würzgewächsen der Küche vorbehalten und kann in einer großräumigen Anlage durchaus im Ziergartenbereich ihren Platz finden. Damit das Beet dort nicht unangenehm auffällt, muß man freilich stets ein Auge darauf haben und Wildwuchs rechtzeitig eindämmen. Besonders wichtig ist in diesem Fall die Staffelung nach Größenordnungen und Wuchseigenschaften der Kräuter, wobei man bei einem langgestreckten Beet auch eine horizontale Staffelung vornehmen und damit Abwechslung in die Pflanzengemeinschaft bringen kann. Große Gewächse wie Beifuß, Liebstöckel, Fenchel oder Dill müssen also nicht unbedingt den Hintergrund beleben, sondern können auch zwischen flachwüchsigen Gattungen aufragen – immer vorausgesetzt, daß jedes täglich in der Küche benötigte Kraut gut erreichbar ist. Diese Überlegung sollte auch bei der Planung eine entscheidende Rolle spielen. Wird ein breiter Streifen ausschließlich für Kräuter reserviert, muß großzügig und mit weiten Abständen gepflanzt werden, damit noch Platz für einige Trittplatten bleibt. Grenzt das Beet unmittelbar an einen Weg, ist zu berücksichtigen, daß die Pflanzen ihn nach einiger Zeit überwuchern und beim Begehen hinuntergetreten werden.

Bei allen diesen praktischen Überlegungen darf man die optischen Gesichtspunkte eines Kräuterbeets im Ziergarten nicht außer acht lassen. Da die Einzelblüten der meisten Gattungen und Arten anders als die der Prachtstauden eher bescheiden ausfallen, pflanzt man am besten in kleinen oder größeren Gruppen und achtet dabei auf die Farbzusammenstellung. Sehr wirkungsvolle Effekte lassen sich beispielsweise mit Salbei erzielen, der mit einer großen Zahl von Arten, Sorten und Formen vertreten ist und vor allem durch die unterschiedliche Blattfärbung Abwechslung und Leben ins Beet bringt.

Speziell mit Salbei lassen sich übrigens auch sehr hübsche Blütenmuster weben, wenn z. B. der rotblühende Ananassalbei *(Salvia rutilans)* und die mit blauen Blüten besetzte, leider etwas frostempfindliche *Salvia patens* zusammenstehen. Blauen bis violetten Flor zeigen außerdem Borretsch, Lavendel, Ysop und Rosmarin. Gelb oder gelbgrün blühen Fenchel, Liebstöckel, Zitronenmelisse und Wiesensalbei, weiß und cremefarben Bärlauch, Römische Kamille und Beinwell. Wer Spaß an Wildpflanzen gefunden hat, über den Bereich der Kräuter jedoch nicht hinausgehen will, kann die Küchenwürzen noch durch Hinzupflanzen von altbekannten Heilgewächsen ergänzen. Zur Auswahl stehen u. a. so attraktive Blüher wie Malve, Ringelblume, Kapuzinerkresse, Schafgarbe, Lerchensporn, Schlüsselblume und Veilchen. Bis zur buntgemischten, bereits beschriebenen Kräuter- und Wildblumenrabatte (siehe S. 20), ist es dann nur noch ein kleiner Schritt.

Kräuterrabatte im Rautenmuster

Das Gerüst dieses Beets stellt dicht gepflanzter und durch Schnitt flach gehaltener Buchs dar, der die vorgesehene Fläche in einzelne Rauten aufteilt. Je weniger Platz zur Verfügung steht, desto niedriger muß die Einfassung sein. Sie sollte aber auch bei einem geräumigen Areal 20 cm Höhe möglichst nicht überschreiten. An die Stirnseiten können zur Auflockerung Hochstammrosen, an die nach außen weisenden Rautenspitzen Buchskugeln gesetzt werden, während man die Quadrate mit Kräutern füllt – hohe Arten in der Mitte, niedrige drumherum. Wird dicht gepflanzt, sollte man auch hier wieder auf die farbliche Abstimmung von Blüten und Blättern achten oder einige Plätze für Sommerblumen bzw. Wildstauden aussparen,

damit das Grün des Buchs nicht allzu augenfällig dominiert.

Wird der Platz großzügig bemessen, lassen sich die Zwischenräume mit Kies oder Rindenmulch belegen. Soll diese Bodendecke auf Dauer sichtbar bleiben, müssen wuchernde Kräuter ständig in Schach gehalten und die Kleinsträucher regelmäßig ausgelichtet bzw. beschnitten werden.

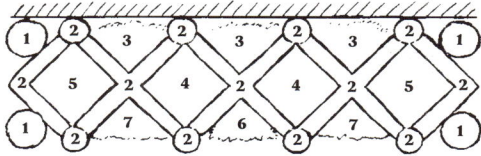

Bepflanzungsskizze:
1 *Margeriten-Hochstämmchen*
2 *Buchskugeln und -bordüren*
3 *Fenchel*
4 *Oregano*
5 *Majoran*
6 *Zitronenmelisse*
7 *Kamille*

In dieser ansprechenden Variante der Kräuterrabatte liegen die einzelnen Pflanzmulden zwischen den rautenförmig gesetzten Buchsbordüren. Die Eckpunkte des Beets werden durch weißblühende Margeriten-Hochstämmchen markiert

Anregungen für mehr oder minder verschlungene Ornamente findet man in den kunstvoll angelegten Parterres historischer Schloßgärten (im Bild eine Teilansicht des Parks von Villandry)

Der Flechtmustergarten

Man könnte diese Gartenform, die den französischen Parterres ähnelt und als »Knot-Garden« bereits im England des 15. Jahrhunderts angelegt wurde, auch dem ornamentalen Garten zuordnen. Allerdings sind die Muster hier, wie der Name schon sagt, noch raffinierter geknüpft, die Arabesken ausgeprägter und inniger miteinander verschlungen. Die künstlerische Gartenanlage verlangt bei der Planung und Ausführung ein Höchstmaß an Akkuratesse, und auch bei der Pflanzenwahl für die niedrigen Kräuterhecken muß man sich vorher vergewissern, was zusammenpaßt, kontrastiert oder sich ergänzt. Denn hier gehen die geometrischen oder geschwungenen Ornamentmuster ineinander über, kreuzen sich oder bilden Figuren immer wiederkehrender Formen. Als Pflanzen für den Heckenverlauf eignen sich u. a. Edelgamander (*Teucrium chamaedrys*), Ysop (*Hyssopus officinalis*), ferner die Heiligenblume (*Santolina chamaecyparissus*) und Buchs (*Buxus sempervirens* 'Suffruticosa').

Die Kräuterspirale

Es handelt sich hier um ein Beet aus Natursteinen, die schneckenhausförmig und zur Mitte hin leicht ansteigend ohne Mörtelverbindung aneinander, teils auch übereinander gelegt werden. Die Spirale wird mit guter Erde aufgefüllt, wobei das letzte, innere Drittel zusätzlich eine Dränage aus Kies oder Schotter für solche Kräuter erhalten kann, die außer viel Sonne auch einen durchlässigen und eher trockenen Boden wünschen (z. B. Oregano, Salbei oder Thymian). Ganz unten, an den Anfang der Spirale pflanzt man die mehr Feuchtigkeit liebenden Gewächse wie Minze und

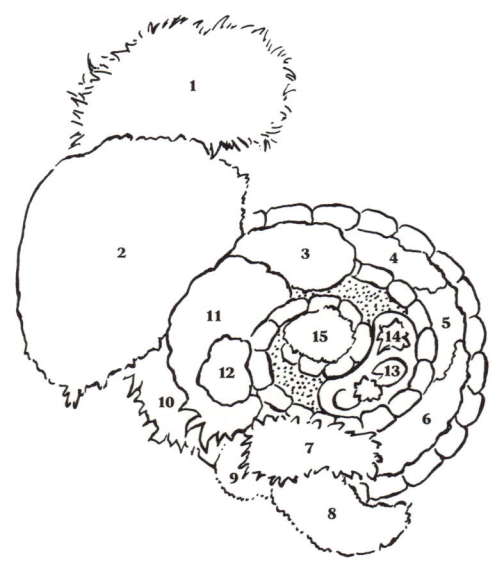

Bepflanzungsskizze:

1 Sanddorn	9 Hauswurz
2 Holunder	10 Walderdbeere
3 Liebstöckel	11 Schwertlilie
4 Ringelblume	12 Arnika
5 Salbei	13 Seerose
6 Petersilie	14 Zwergbinse
7 Pfefferminze	15 Thymian
8 Rosmarin	

Die Flächen links und rechts des Teichs können mit Kies bedeckt werden

Das Kräuterbeet in Form einer Spirale ermöglicht es, auf kleinem Raum unterschiedliche Bodenansprüche der Würzpflanzen zu berücksichtigen. Frühlings- und Wildblumen sowie ein kleiner Teich mit Seerose sorgen für Farbtupfer, höherwachsende Gehölze an der Nordseite für einen schönen Hintergrund

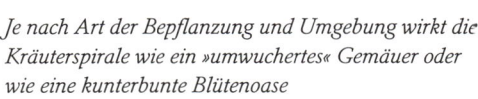

Je nach Art der Bepflanzung und Umgebung wirkt die Kräuterspirale wie ein »umwuchertes« Gemäuer oder wie eine kunterbunte Blütenoase

Liebstöckel. An dieser Stelle könnte als Miniteich auch ein Kübel in den Boden eingelassen werden, in dem Brunnenkresse gedeiht oder ein Zwergrohrkolben sein Quartier findet. Eine kleine Seerose würde sich hier ebenfalls wohlfühlen.

Ein wenig Platz muß man diesem Naturbeet freilich schon einräumen, denn wenn die Spirale zu eng gezogen wird, gibt es statt einer dem Auge wohlgefälligen Pflanzung einen unförmigen Turm, auf dem die Kräuter dicht durcheinanderwuchern. Das tun sie zwar bei einer Spirale mit 2—3 m Durchmesser auch, hier wirkt der Wildwuchs jedoch ganz natürlich, und man wird unwillkürlich an ein altes Gemäuer erinnert, auf dem sich die verschiedensten Gewächse breit gemacht haben. Sofern es der Platz zuläßt, sollte das Kräutersortiment um einige Wildblumen erweitert werden, damit es auf diesem Fleckchen Erde nicht nur grünt, sondern auch blüht. In Frage kämen, je nach Beetumfang, z. B. Gewöhnliche Schafgarbe, Frauenmantel, Wegwarte, Ringelblume, Eisenkraut und Mädesüß, an höheren Pflanzen, eventuell außerhalb der Spirale angesiedelt, Königskerze, Fingerhut und Stockrose.

Das Kräuterrondell

Bevor man sich für eine kreisrunde Form des Kräuterbeets entscheidet, sind Überlegungen bezüglich der geplanten Bepflanzung notwendig. Sind viele, in der Höhe unterschiedliche Arten vorgesehen, darf man mit dem Platz nicht knausern. Denn die hochwachsenden Exemplare können bei dieser Beetform nicht wie sonst üblich im Hintergrund angesiedelt werden, weil es diesen Hintergrund nicht gibt. Pflanzte man Liebstöckel, Fenchel, Beifuß oder Weinraute an den Rand, hätte man sich die Sicht auf die kleineren Kräuter verstellt, die außerdem unter Licht- und Luftmangel leiden müßten. Wird nur ein Teil der Randfläche für die »Riesen« reserviert, verliert das Beet an Proportion und optischem Reiz. Man muß also vom Gewohnten abgehen und in der Mitte der Fläche einen zweiten Kreis schaffen, in dem die großen Gewächse ihren Platz finden. Denkbar wäre auch, überhaupt keine hoch-

wachsenden Kräuter zu pflanzen – vielleicht gibt es dafür im Garten irgendwo eine Extraecke –, sondern nur solche, die in der Wuchsform zueinander passen, und am Kreisrand kriechende oder ganz niedrige Arten, die gleichzeitig als schmückende Einfassung dienen. Waldmeister, Monatserdbeeren, Tripmadam oder, für einen schattigen Bereich, Bärlauch kämen hierfür in Frage.

Der besseren Übersicht halber kann man das Rondell mit Ziegelsteinen oder Klinkern einfassen und den Innenraum, ebenfalls mit Steinen, in spitz zulaufende Segmente einteilen. Die speichenförmig angeordneten Steinreihen dienen dann gleichzeitig als Trittpfade. Ebenso geeignet sind Natursteinplatten oder feine Bodenbeläge aus Rindenmulch, Kies oder Splitt. Anders als bei der Spirale sollte beim Rondell eine gewisse Ordnung nicht ganz außer acht gelassen werden, damit die geometrische Form des »Gerippes« sichtbar bleibt. Denn als gestaltetes Element hat es im Garten einen anderen Zweck zu erfüllen als beispielsweise die Kräuterspirale, bei der es auf Natürlichkeit ankommt.

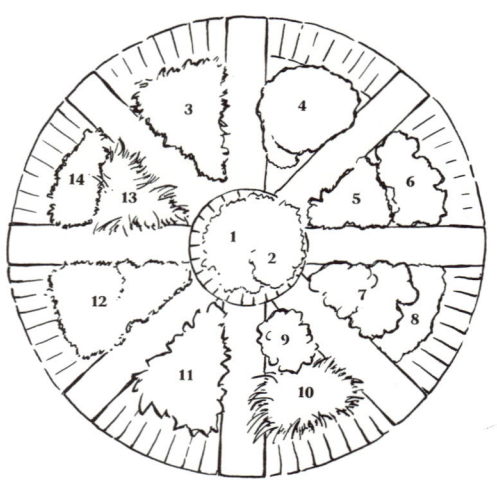

Bepflanzungsskizze:

1 Fenchel	*8 Winterkresse*
2 Engelwurz	*9 Ringelblume*
3 Beifuß	*10 Schnittlauch*
4 Rosmarin	*11 Borretsch*
5 Johanniskraut	*12 Lavendel*
6 Petersilie	*13 Dill*
7 Schafgarbe	*14 Waldmeister*

Dieses kreisrunde Kräuterbeet ist mit Ziegelsteinen eingefaßt, als Trittpfade und Trennlinien zwischen den Segmenten dienen Eisenbahnschwellen. Alternativ kämen hierfür auch Natursteinplatten oder feine Bodenbeläge aus Rindenmulch oder Kies in Frage. Die größten Gewächse stehen in einem zweiten Rondell in der Mitte

Der Kräuterhügel

Die einfache Ausführung stellt nichts anderes dar als zu einem sanften, runden Hügel aufgeschüttete, gut durchlässige Erde, in die man ganz nach Belieben die verschiedensten Kräuter und Blumen pflanzt. Eine interessante und optisch ansprechendere Form ist das aus Natursteinen gemauerte Rundbeet, das so ansprechend aussieht, daß man es sogar mitten in eine Rasenfläche setzen kann. Damit die Sache nicht verwackelt, schlägt man in die Mitte der vorgesehenen Fläche einen Holzpflock, befestigt daran eine dem Radius des Beets entsprechende Schnur mit einem starken Nagel als Markierer und legt damit den Beetumfang fest. Entlang dieser Linie wird die Erde ein bis zwei Handbreit tief ausgehoben. Die Breite ist so zu bemessen, daß die unterste Steinlage bequem in die Furche paßt. Damit die Blöcke fest liegen, bettet man sie auf eine Lage Sand. Je nach Stärke des verwendeten Materials reichen in der Regel zwei bis drei Reihen mörtellos aufeinandergeschichteter Steine; wird die Rundmauer zu hoch gezogen, wirkt das Beet plump und unproportional. Faustregel auch hier: Je kleiner die umbaute Fläche, desto niedriger muß die Einfassung sein. Bereits während des Aufbaus oder erst danach gibt man eine dicke Lage groben Kies oder Schotter als Dränage auf den Beetgrund, dann folgt Gartenerde, ganz obenauf das Pflanzsubstrat, das man eventuell mit Kompost vermischt. Der fertige Hügel soll zu den Seiten hin leicht abfallen, damit kein Wasser stehenbleibt

Für die Gestaltung des Kräuterhügels gibt es die verschiedensten Möglichkeiten. Man kann die Pflanzung auf die üblichen Küchenwürzen beschränken, wobei aber die schon wiederholt beschriebene, optisch ansprechende Mischung beachtet werden sollte. Es läßt sich aber auch eine sehr hübsche Kombination mit Steingartengewächsen herstellen, die noch besser zur Geltung kommt, wenn auf dem Hügel einige größere Natursteine verteilt werden. Eine Hochstammrose auf der Hügelkuppe vermittelt dem Betrachter Charme und Freundlichkeit, Polsterpflanzen, in die Fugen der Mauer gesetzt, sorgen für Auflockerung und nehmen dem Material die Härte.

Schmuckstück im Garten: das aus Natursteinen aufgeschichtete Rundbeet. Das Lorbeerbäumchen in der Hügelmitte ist in einem Topf zu kultivieren, da es frostfrei im Haus überwintert werden muß

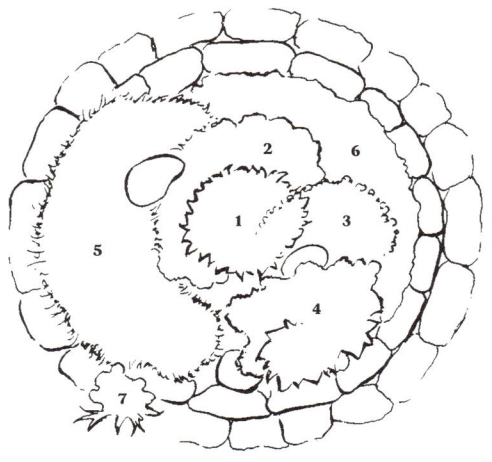

Interessante Alternative zum gemauerten Rundbeet: der stufenförmig angelegte Steinhügel

Bepflanzungsskizze:

1 Lorbeerbaum	5 Küchenschelle
2 Petersilie	6 Kamille
3 Oregano	7 Löwenzahn
4 Frauenmantel	

So ein Beet läßt sich natürlich auch im Halbrund gestalten, beispielsweise angelehnt an eine Mauer; wenn sie die nötige Länge besitzt, kann man sogar zwei oder drei Kräuterhügel nebeneinander anlegen.

Kräuter in Kies

Feine Kieselsteine als Bodenbedeckung bei Kräuterpflanzungen verschiedener Art wurden bereits mehrfach erwähnt. Man kann Kies aber auch ganz bewußt von vornherein als ein wichtiges Merkmal der Beetgestaltung betrachten und die Form und Bepflanzungsart der Fläche danach ausrichten. Kies gibt es in unterschiedlichen Farbtönen und Korngrößen, das Passende muß in einem Kieswerk oder im Baumarkt ausgesucht werden. Möglicherweise kommen Ihnen bei der Besichtigung vor Ort sogar die besten Ideen, weil man sich nur dort von der Vielgestaltigkeit des Materials überzeugen kann.

Der Vorteil dieser Bodenbedeckung: Sie paßt sich allen gewünschten Beetformen an, ob Sie nun geschwungene Linien, Kreise, Recht- oder Vielecke

bevorzugen. Da Kies der »Hauptakteur« ist, sollten die Kräuter nicht zu dicht gesetzt und später durch Schnitt und Ausdünnen im Zaum gehalten werden; andernfalls ist von den Steinen schon bald nichts mehr zu sehen. Auch Unkrautjäten gehört zu den regelmäßigen Pflegemaßnahmen. Weil der Kiesbelag nur gerade so dick zu sein braucht, daß er den gewachsenen Boden lückenlos bedeckt, bringt man ihn zweckmäßigerweise vor dem Pflanzen aus; wird es im nachhinein getan, besteht die Gefahr, daß man die Pflänzchen verletzt. Vor Beginn dieser Arbeiten muß der Untergrund gelockert und für einen einwandfreien Wasserabzug gesorgt werden – falls notwendig, mit Hilfe einer Dränage aus Schotter.

Erhöhtes Kräuterbeet

Vom Prinzip her gehört der bereits beschriebene Kräuterhügel ebenfalls in diese Kategorie. Hier ist jedoch eher eine reine Nutzanlage gemeint, wie sie das Hügel- oder Hochbeet im Gemüsegarten darstellt. Ist die Rahmenkonstruktion nicht höher als 30 oder 40 cm, wirkt das Beet unaufdringlich und fällt auch im Ziergarten nicht unpassend als Kräuterquartier auf. Man sollte dann freilich eine rustikale Einfassung aus Eisenbahnschwellen, Rundhölzern oder, wenn es zum Stil des Anwe-

39

sens paßt, aufeinandergemauerten Ziegel- oder Klinkersteinen wählen.

Ein mit Kräutern bepflanztes Hochbeet gewährleistet bequemes Arbeiten ohne Bücken. Das Hügelbeet, dem die Einfassung aus festen Materialien fehlt, hat wiederum den Vorteil, daß man auch die Flanken und Stirnseiten bepflanzen kann. In der Schichtung sind beide Formen identisch, wobei man sich nicht an starre Regeln zu halten braucht. Im Grunde stellen beide Beete nichts anderes als planmäßig aufgebaute und später bepflanzte Komposthaufen dar, deren »Brenndauer« durch die Art und Aufeinanderfolge des verwendeten, natürlichen Materials künstlich verlängert wurde. Die unterste Lage besteht aus grobem Astschnitt und anderen verholzten Pflanzenteilen, die jedoch nicht gehäckselt oder kleingeschnitten werden dürfen; das würde den Rotteprozeß unnötig beschleunigen, und die durch die Zersetzung entstehende Wärme wäre bald verbraucht. Zwischen und über diese Lage kommt Gartenerde. Die »klassische« Methode verlangt jetzt eine Abdeckung mit Rasensoden, Grasseite nach unten, die aber nur in seltenen Fällen zur Verfügung stehen dürften. Man kommt also gleich zum nächsten Schritt, nämlich einer etwa 20 cm starken Schicht feuchten Laubs, die wiederum mit Erde abzudecken ist. Schließlich folgt noch guter Gartenboden als Pflanzsubstrat, wenn möglich mit reifem Kompost vermischt.

Je nach Material und Aufbau hält die Wärmeentwicklung im Beetinnern einige Jahre an, wobei der Hügel infolge des Rotteprozesses allmählich in sich zusammensinkt. Ein Hügelbeet muß deshalb nach fünf oder sechs Jahren, wenn es gänzlich abgeflacht ist, neu errichtet werden. Beim Hochbeet ist die oberste Erdschicht jährlich zu ergänzen, damit das Niveau erhalten bleibt.

Für die Rahmenkonstruktion kann alles verwendet werden, was genügend stabil ist, nicht verrottet und keine pflanzenschädlichen Substanzen abgibt. Neben den schon erwähnten Bohlen oder Ziegelsteinen eignen sich starke Bretter, Hohlblocksteine oder Kunststoff-Wellplatten. Im Bedarfsfall muß der Rahmen durch senkrecht in den Boden gerammte Pfähle stabilisiert werden. Findet sich für ein Kräuterquartier dieser Art im Gemüsegarten ein Platz, hat man alles beieinander, was man zum Würzen benötigt, und muß nicht befürchten, daß der Ausbreitungsdrang mancher Kräuter andere Gewächse beeinträchtigt.

Hochbeete mit Kräutern eignen sich auch als Zierde in größeren Rasenflächen

Die Rahmenkonstruktion für ein erhöhtes Kräuterbeet sollte zum Stil des Anwesens passen. Legt man
mehrere solcher Beete an, lassen sich bei der
Bepflanzung unterschiedliche Akzente setzen.
So können die Gewächse unter Gesichtspunkten der
Farbkombination oder der gewünschten Verwendung,
z. B. als Heilpflanzen, ausgewählt werden

Der mobile Kräutergarten

Töpfe und Kästen aus Ton, hier auf einer kleinen Holztreppe plaziert, wirken besonders dekorativ

Kräuter in Gefäßkultur sind nicht nur eine Alternative für Feinschmecker, denen lediglich Balkon oder Terrasse für die Kultur von Pflanzen zur Verfügung stehen oder die den knapp bemessenen Platz im kleinen Garten anderweitig nutzen wollen; hübsche, mit den verschiedensten Würzgewächsen ausstaffierte Behälter lassen sich darüber hinaus im Grün am Haus als gestalterische Elemente einsetzen und können sogar einem bestimmten Gartenplatz zu eigener Prägung verhelfen. Eine recht einfache Möglichkeit besteht darin, eine kleine Fläche mit Natursteinplatten oder Klinkern zu belegen, auf die man dann mehrere, unterschiedlich große und verschieden geformte Ton- oder Terrakottagefäße stellt. Sie können neben den üblichen Kübelpflanzen auch Kräuter wie Salbei, Majoran, Thymian oder den nicht winterharten Rosmarin aufnehmen, wobei sich allein durch die Blätter attraktive Farbwirkungen erzielen lassen. Originell wirkt eine sogenannte Kräuterkruke, ein bauchiges Tongefäß mit seitlichen Ausbuchtungen oder »Balkonen«.

Ein großes Gefäß kann durchaus auch einzeln stehen, oder man arrangiert eine Gruppe, indem man drumherum kleinere Behälter plaziert. Besonders geräumig und deshalb für mehrere Pflanzen geeignet sind große Plastikkübel, wie sie in Bau- und Heimwerkermärkten angeboten werden. Damit sie gefälliger wirken, kann man sie hinter Rollpalisaden verbergen, an Drähten dicht bei dicht befestigte Halbrundhölzer, die sich überall gut einfügen. Falls die Höhe der Palisaden nicht paßt, ist ein derartiger »Mantel« aus Holzlatten leicht selbst herzustellen, indem man die zugeschnittenen Hölzer mit Krampen an zwei parallel verlaufende, verzinkte Drähte nagelt.

Im Prinzip läßt sich für die mobile Kräuterkultur jeder Behälter verwenden, sofern er schadstofffrei ist und mit Wasserabzugslöchern versehen wurde.

Eine originelle Idee: der aus mehreren Töpfen zusammengesetzte Kräuterturm

Gerade bei meist in warmen und durchlässigen Böden stehenden Gewächsen wie den Würzpflanzen ist eine zusätzliche Dränageschicht aus Kies oder Tonscherben empfehlenswert. Sie gewährleistet, daß auch größere Wassermengen ohne Stau abfließen können. Im Zweifelsfall sollte man sich stets für das größtmögliche Gefäß entscheiden, weil es der Pflanzenentwicklung bessere Möglichkeiten bietet als z. B. ein kleiner Blumentopf. Das gilt auch für Balkonkästen, die als Quartier natürlich ebenfalls geeignet sind. Nehmen Sie am besten Meterkästen und davon die breiteren Ausführungen, in denen Sie bis zu acht Pflanzen mehr oder weniger gemischt unterbringen können. Majoran, Petersilie, Schnittlauch, Thymian und Winterbohnenkraut gedeihen in diesen Behältern problemlos, müssen allerdings sorgfältiger gepflegt werden als die Kräuter im Freiland. Da die Nährstoffe des Pflanzsubstrats bald verbraucht sind, muß man den Sommer über immer wieder schwach düngen und in Trockenperioden zur Gießkanne greifen. Vertrocknete oder abgestorbene Teile sollten, wie bei anderen Balkonpflanzen, regelmäßig entfernt und eventuell auftretende Schädlinge abgesammelt werden. Der Einsatz irgendwelcher chemischer Pflanzenschutzmittel kommt bei Kräutern nicht in Frage.

Kräuter und Gemüse auf Balkon und Terrasse

Wer mangels Garten dazu gezwungen ist, seine Küchenkräuter auf dem Balkon oder der Terrasse zu ziehen, wird wahrscheinlich schon bald auch dieses oder jenes Gemüse dazustellen wollen. Deshalb wird hier nicht nur die Kräuterkultur beschrieben, sondern es werden auch einige geeignete Gemüsearten genannt, die man in die-

Schön und nützlich: der Kräuter- und Gemüsegarten auf der Terrasse. Pflanzgefäße in den verschiedensten Größen und Formen lassen sich als gestalterische Elemente einsetzen

43

Bei diesem Mini-Kräutergarten sind die Würzpflanzen in Töpfen in den Boden eingelassen und von Feldsteinen umgeben. Ein kleiner Seerosenteich im Holzfaß vervollständigt das hübsche Ensemble

Kräuterkasten auf der Terrasse. Ein Gefäß dieser Größe reicht in der Regel aus, um den Bedarf für die Küche zu decken

sen Mini-Nutzgarten mit einbeziehen kann. Natürlich läßt sich durch Gefäßkultur auf Balkon oder Terrasse der Gemüse- und Kräutergarten im Freiland nicht ersetzen. Aber für würzige Salate, frische Gurken und Tomaten zum Abendbrot langt es allemal. Vor allem aber kann man den Bedarf an Würzkräutern für die Küche mit einem kleinen Balkongarten durchaus decken, weil immer nur geringe Mengen benötigt werden und die Blätter oder Triebe der meisten Kräuter ständig nachwachsen. Das besondere Plus: Die Würzpflanzen sind leicht zu erreichen.

Ausschlaggebend für das Gedeihen von Nutzpflanzen auf engem Raum ist die Lage. Anders als im Garten ist ein Ausweichen auf geeignetere Plätze auf Balkon und Terrasse nicht möglich, hier wird die Pflanzenwahl zwangsläufig von den vorherrschenden Licht- und Schattenverhältnissen bestimmt. Wenn Morgen- und Nachmittagssonne die Pflanzgefäße erreicht, bei Ost- und Westlage also, genügt die zumindest stundenweise fast ideale Lichtausbeute für nahezu alle Gemüse: Pflücksalat, Stangen- und Feuerbohnen, Radieschen, Zucchini. Aber auch so wärmeliebende Arten wie Gurken, Tomaten, Paprika und Auberginen werden hier in der Regel zufriedenstellend fruchten. An Kräutern kämen in Frage: Basilikum, Dill, Estragon, Gartenkresse, Majoran,

Kerbel, Oregano, Petersilie, Salbei, Sauerampfer, Schnittlauch und Zitronenmelisse.

Ein Platz nach Süden hin läßt kaum noch Wünsche offen, nur auf Gurken sollte man bei der im Hochsommer hier herrschenden Hitze besser verzichten. Bei Tomaten könnte man es mit den zahlreichen Cocktail-, Kirsch- oder Traubentomaten wie 'Tiny Tim', 'Sweet Cherry', 'Phyra', 'Bistro' oder 'Minibel' probieren, die nicht nur sehr reich tragen, sondern auch hübsch aussehen und ein besonders ausgeprägtes Tomatenaroma besitzen. Ebenso kommen die verschiedenen Buschtomatensorten in Frage, man kann es aber auch einmal mit Stabtomaten versuchen. Ebenfalls interessant wären sicher die leuchtendgelben Züchtungen 'Yellow Pearshaped', eine birnenförmige Obsttomate, oder 'Goldene Königin'.

Auf einer reinen Nordseite ist Gemüse- oder Kräuteranbau kaum mehr möglich. Hier wird man sich mit Schnitt- und Pflücksalat und bei den Kräutern mit Bärlauch, Borretsch, Kerbel und Minze begnügen müssen. Da aber häufig Mischlagen vorkommen, heißt es letztlich, eigene Erfahrungen zu sammeln und auszuprobieren, welche Arten sich mit dem Lichtangebot begnügen.

Für die Kultur von Kräutern, Salaten und Radieschen reichen meist Balkonkästen oder größere Schalen aus, die anderen Gemüse sollten ein

Quartier im 10-Liter-Eimer beziehen, denn 20–30 cm Erde unter den Wurzeln sind für sie ausreichend. Das Substrat muß nahrhaft, humos und durchlässig sein, wie es bei der im Handel erhältlichen Einheitserde der Fall ist. Gedüngt wird mit organischem oder organisch-mineralischem Volldünger; am besten verwendet man sogenannte Depotdünger, die lange vorhalten und eine Überdüngung weitgehend ausschließen.

Je nach Lage wird das Gießen einiges an Übung und Fingerspitzengefühl erfordern, denn auf einem Südbalkon trocknet die Gefäßerde an heißen Sommertagen schnell aus, was keiner Pflanze förderlich ist. Reservefeuchte aus dem Boden, mit der im Freiland »Durststrecken« überbrückt werden können, entfällt hier. Auf einer Nordseite wiederum muß man mit dem Gießen zurückhaltend sein, damit es nicht zur Vernässung des Substrats und damit zu Wurzelfäule kommt. Ein meist unterschätzter Faktor sind austrocknende Winde, die an exponierten, hochgelegenen Plätzen den Gewächsen zusetzen können und zusätzliche Aufmerksamkeit bei der Pflege nötig machen.

Kräuter im Zimmer

Wie viele andere Pflanzen eignen sich auch zahlreiche Kräuter für Zimmerkultur auf dem Fensterbrett oder in Fensternähe; ausgenommen sind nur die hochwachsenden Gattungen wie Liebstöckel, Dill, Fenchel, Beifuß und Weinraute. Andere, die im Garten groß und buschig werden, erreichen im Gefäß nur selten ihre natürlichen Ausmaße, weil der Wurzelraum beengt ist und die Wachstumsbedingungen nicht optimal sind. Da unsere Küchenkräuter mit ganz wenigen Ausnahmen vollsonnig stehen wollen, müssen sie auch im Zimmer soviel Licht wie möglich erhalten. Ost- und Westseiten sind als Standorte gut geeignet, das Südfenster ist nur im Winter zu empfehlen; im Sommer muß hier, beispielsweise mit einem Schnapprollo, während der Mittagsstunden schattiert werden. Die Empfehlung, mehrere Kräuter zusammen in ein Gefäß zu setzen, hört sich zwar gut an, wird aber nur in seltenen Fällen zu realisieren sein. Denn wo im Wohnbereich genügend Platz für größere Töpfe, Schalen oder gar Kübel vorhanden ist, bleibt er in der Regel den Ziergewächsen vor-

Viele Kräuter lassen sich auch am Fenster ziehen. Ein möglichst heller Standort und ausreichende Luftfeuchtigkeit sind die wichtigsten Voraussetzungen für ein gutes Gedeihen

behalten; mit Salbei, Thymian oder Schnittlauch wird man die »gute Stube« kaum zieren wollen, ein Mini-Kräutergarten im Kübel bleibt also Balkon oder Terrasse vorbehalten.

Bei der Pflege gibt es im Vergleich zu den Grün- und Blütenpflanzen des Blumenfensters einige Abweichungen. So sollte das Substrat für die Kräuter abgemagert werden; man muß der handelsüblichen Blumenerde also etwas Sand oder feinen Kies beimischen, damit das Substrat gut durchlässig wird und keine Nährsalzkonzentrationen auftreten können. Auch beim Gießen ist Zurückhaltung geboten, denn die zumeist aus mediterranen Regionen stammenden Pflanzen sind vorübergehende Trockenheit eher gewohnt als Vernässung. Verwenden Sie nach Möglichkeit abgestandenes, luftwarmes Wasser – auch zum gelegentlichen Übersprühen, was den meisten, vor allem breitblättrigen Kräutern, gut bekommt; gleichzeitig wird damit Staub entfernt, der die Spaltöffnungen der Blätter verstopft.

Beim Düngen der Kräuter gilt ebenfalls die Regel, daß weniger meist mehr ist. Die Einjährigen kommen fast immer mit den Nährstoffen aus, die in der Fertigerde enthalten sind. Sollte gegen Ende der Vegetationsperiode dennoch Mangel durch vergilbende oder kleinbleibende Blätter und vermindertes Nachwachsen abgeschnittener Teile

45

Auch für den Kräutergarten auf dem Balkon gilt: Empfindliche Gewächse werden vorgezogen, ehe sie dann ab Mitte Mai ins Freie kommen

Kräuterturm auf der Fensterbank

Frischluft ist für Kräuter lebensnotwendig. Würzpflanzen, die in geschlossenen Räumen gehalten werden, sollte man im Sommer auf ein sonniges Außenfensterbrett stellen

angezeigt werden, genügt flüssiges Nachdüngen mit einem der üblichen Blumendünger in halber Konzentration. Ausdauernde Arten erhalten den Sommer über etwa alle 6 Wochen eine schwache Nährstoffgabe in flüssiger Form auf vorher angefeuchtetes Substrat. Den Winter über wird überhaupt nicht gedüngt, da die Lebensvorgänge in dieser lichtarmen Zeit auf Sparflamme ablaufen, Nährstoffe also nicht verwertet werden könnten. Bei der Haltung von Pflanzen in geschlossenen Räumen wird ein wichtiger Pflegeaspekt nur allzuoft sträflich vernachlässigt oder aus Unkenntnis nicht genug beachtet: das Frischluftbedürfnis nahezu aller Gewächse – selbst solcher aus tropischen Regenwäldern. Noch viel mehr trifft das auf Kräuter zu, die ja auch in ihren Heimatländern an kühle Nächte mit klarer Luft gewöhnt sind. Ideal wäre es deshalb, die Würzpflanzen im Sommer auf ein Außenfensterbrett zu stellen, wo sie freilich gegen Sturz gesichert werden müssen. Ersatzweise sollte das Fenster, an dem die Töpfe stehen, möglichst häufig und lange geöffnet sein, ohne daß dabei Durchzug entsteht. Doch selbst wenn man den Kräutern die bestmögliche Pflege angedeihen läßt, ist ihre Lebensdauer im Zimmer stets begrenzt. Ihre Kräfte haben sich früher oder später erschöpft, so daß man neue Pflanzen heranziehen oder kaufen muß.

Kräutergarten-Praxis

Das Kräuterbeet sollte im sonnigsten Teil des Gartens liegen. Licht und Wärme fördern die Entwicklung der Duft- und Aromastoffe

Im Vergleich mit vielen anderen Gartenpflanzen sind Kräuter ziemlich anspruchslos und gedeihen am besten, wenn sie weitgehend in Ruhe gelassen werden. Da sie als Kulturgewächse jedoch im Gesamtbild des häuslichen Grüns ihren Platz finden und sich ein- oder unterordnen müssen, sind Eingriffe durch die Hand des Gärtners unerläßlich. Außerdem ist pflegeleicht nicht mit pflegelos gleichzusetzen, was bedeutet, daß auch unsere Küchenkräuter nur zufriedenstellend wachsen und die erwünschte Würze liefern, wenn man ihnen das gibt, was sie nun einmal verlangen. Das ist zwar nicht sehr viel, aber einige Grundanforderungen müssen erfüllt werden.

Lage und Licht

Bereits bei den Gestaltungsbeispielen wurde immer wieder darauf hingewiesen, daß die meisten Kräuter lichtbedürftig sind und einen möglichst sonnigen Platz brauchen. Das bedeutet nicht volle Sonne vom Morgen bis zum Abend, aber für die Dauer von mindestens fünf Stunden täglich sollte die direkte Bestrahlung gesichert sein. Besonders günstig sind Plätze vor einer hellen Mauer oder Hauswand, vor dicht bepflanzten Zäunen oder vor Hecken, wo die Wärme reflektiert wird und sich länger hält. Dasselbe gilt für nach Süden oder Westen weisende Hanglagen, beispielsweise unterhalb einer Terrasse, aber auch für ein Beet im Schutz eines Kleingewächshauses. Ist der Platz nicht ausreichend vor Wind geschützt, kann man die Kräuter durch eine Pflanzung hoher Gewächse wie Sonnenblumen, Topinambur oder Zuckermais vor allzu argen Witterungsunbilden bewahren.

Gerade bei den Würz- und Duftkräutern fördert ein sonniger Standort nicht nur das Pflanzenwachstum, sondern auch die Bildung der erwünschten Aromastoffe. Sie sind um so intensiver, je mehr Wärme und Sonne der Pflanze vergönnt waren, was besonders ins Gewicht fällt, wenn die Blätter konserviert werden sollen. Man kann diese wetterbedingte Duftentwicklung im eigenen Garten selber feststellen, wenn man das Kräuterbeet bei Sonne und bei Regen einem Geruchstest unterzieht. Auch eine mit Wildkräutern durchsetzte Wiese duftet am stärksten um die Mittagszeit eines sonnigen Hochsommertags, wenn sich die in den Pflanzen enthaltenen ätherischen Öle in der Wärme verflüchtigen.

Der Boden

Im allgemeinen werden Kräuter in jeder humushaltigen, gut durchlässigen Gartenerde zufriedenstellend gedeihen. Ungünstig sind vor allem schwere, stark lehm- und tonhaltige Böden, die man durch Zusätze von Sand und Kompost bzw. verrottetem Stallmist verbessern kann. Extrem durchlässige, leichte Sandböden erhalten zur Strukturverbesserung ebenfalls Kompost und/oder Stallmist, außerdem kann ein Zusatz von Lehm sehr nützlich sein. Steinmehle, sparsam aufgestreut und leicht eingehackt, wirken sich positiv auf die Krümelstruktur aus. Ist das Erdreich so stark verdichtet, daß kein Wasser abfließen kann, wird man um eine Dränage im Untergrund kaum herumkommen. Hier muß dann tief aufgegraben und zunächst eine dicke Schicht Schotter oder grober Kies aufgebracht werden. Steine in der Oberschicht braucht man im

Vor dem Anbau der Kräuter ist oft die Bodenstruktur zu verbessern. Kompost, Steinmehle und Lehm bzw. Sand sind dabei die wichtigsten Materialien

Kräuterbeet nicht unbedingt abzusammeln; sie beeinträchtigen das Wachstum der Pflanzen kaum, können allerdings beim Hacken und beim Abstechen wuchernder Exemplare hinderlich sein.

Wässern und düngen

Einer der Grundbausteine alles Lebendigen ist das Wasser, deshalb gehört Gießen zu den regelmäßigen Pflegearbeiten bei der Pflanzenkultur. Ganz gleich, ob es sich um die Gewächse im Zimmer, um Balkon- und Kübelpflanzen, um Gemüse, um Gartenblumen, den Rasen oder um Gehölze handelt: Der Wasserhaushalt muß bei allen stimmen, andernfalls kommt es zu Welkerscheinungen und nach einer gewissen Zeit des Darbens zum Absterben. Unsere Kräuter machen da keine Ausnahme, sind in der Regel allerdings eher bescheiden, was den Bedarf an Feuchtigkeit angeht.

Wie oft gegossen werden muß, hängt von verschiedenen Faktoren ab, nicht zuletzt natürlich auch vom Wetter ab. Daß in hochsommerlichen Trockenperioden die Gießkanne verstärkt in Aktion zu treten hat, versteht sich von selbst, daß aber auch die Bodenbeschaffenheit den Gießrhythmus mit bestimmt, muß erst leidvolle Erfahrung lehren. Ist nämlich das Erdreich sehr sandig und durchlässig, der Untergrund ebenfalls nicht verdichtet, bleibt die Bodenfeuchtigkeit auch nach Dauerregen nicht lange erhalten, und der Gärtner muß rechtzeitig für Nachschub sorgen. Ähnlich verhält es sich übrigens bei Containerkultur in stark torfhaltigem Substrat. Einmal trocken gewordener Torf nimmt Wasser nur schwer an, so daß es besser ist, die Gefäße bis über den Rand so lange zu tauchen, bis keine Bläschen mehr aufsteigen und die Pflanzerde ausreichend mit Feuchtigkeit gesättigt ist.

In gutem, humusreichem Gartenboden wird man sich gerade bei Kräutern mit dem Gießen nicht schwer tun, weil die Gewächse immer noch eine Restfeuchte im Untergrund finden. Zu Welkerscheinungen sollte es dennoch nicht kommen; zwar wird kein Kraut gleich absterben, wenn es einmal kurzzeitig die Blätter während der heißen Mittagsstunden hängen läßt. Aber man muß die Pflanzen nicht unbedingt einem unfreiwilligen Härtetest unterziehen und sollte besser rechtzeitig zur Kanne greifen. Gießen Sie möglichst am frühen Vormittag, dann bekommen die Wurzeln, was sie brauchen, bevor ein Teil des Wassers ungenutzt verdunstet ist. Außerdem sind die Blätter dann schnell abgetrocknet und können weniger von Pilzkrankheiten befallen werden.

Wässern von Kräutern in Töpfen: Bei völlig ausgetrockneter Pflanzerde taucht man das Gefäß bis über den Rand in einen Eimer Wasser, und zwar so lange, bis keine Bläschen mehr aufsteigen

Aus demselben Grund sollte man beim Gießen am Abend, wenn es denn unvermeidlich ist, das Laub möglichst wenig benetzen, damit es nicht feucht in die Nachtkühle geht.

Gegen Wasser aus der Leitung sind die robusten Kräuter im Gegensatz zu vielen Zimmer- und Kübelpflanzen wenig empfindlich. Selbst ein relativ hoher Kalkanteil im Gießwasser wird meist schadlos verkraftet, wenn die Gewächse frei ausgepflanzt im Gartenboden stehen. Allerdings sollte das lebensnotwendige Naß nicht eiskalt aufs Beet kommen; ein Kälteschock auf den sonnen-warmen Blättern könnte die Folge sein. Füllen Sie das Wasser also in Kannen oder Schöpfgefäße ab, in denen es sich erwärmen und Lufttemperatur annehmen kann. Wo die Pflanzen genügend weit auseinander stehen, empfiehlt es sich, den freien Boden zwischen ihnen mit einer Mulchschicht zu bedecken oder öfter zu hacken, um die feinen Kapillarröhrchen im Erdboden zu verschließen. Beides setzt die Verdunstung herab, so daß man seltener zu gießen braucht. Gewässert wird im all-gemeinen reichlich und durchdringend, 10 l/m² sollten es nach einer Faustregel schon sein.

Noch anspruchsloser sind Kräuter hinsichtlich der Nährstoffversorgung. Mineralische Volldün-ger sollten nur im Notfall verabreicht werden, wenn die Pflanzen durch nachlassendes Wachs-tum und kleinbleibende, aufhellende Blätter akuten Mangel – vor allem an Stickstoff – an-

Luftwarmes Gießwasser aus der Regentonne erspart den Kräutern einen möglichen Kälteschock

zeigen. In einem guten, humusreichen Garten-boden passiert das freilich kaum. Dort reicht es völlig aus, wenn im Frühjahr Kompost zwischen und unter den Kräutern ausgestreut und ganz flach, in die oberste Schicht, eingearbeitet wird. Wo es an diesem Naturdünger mangelt, kann man sich gut mit Hornspänen, Blut- und Knochenmehl behelfen oder einen anderen or-ganischen, im Gartenfachhandel erhältlichen Dünger einsetzen. Generell sollte man sich bei Kräutern an den Grundsatz halten, eher zuwenig als zuviel zu geben; eine Überdüngung schadet nicht nur den im allgemeinen genügsamen Pflan-zen, sondern mindert auch Würzkraft und Aro-ma und erhöht die Anfälligkeit für Krankheiten und Schädlinge.

Pflanzenschutz

In den Hausgärten sind chemische Präparate zur Bekämpfung von Krankheiten und Schädlingen immer weniger gefragt, der Staat unterstützt diese Zurückhaltung, indem er Pflanzenschutzmitteln dieser Art zunehmend die Zulassung verweigert. Mit Blick auf Natur- und Umweltschutz sind der-artige Bestrebungen ebenso zu begrüßen wie das Verbot des Einsatzes von Herbiziden (Unkraut-vernichtungsmitteln) im öffentlichen Grün, an Straßenrändern und Wegrainen. Die Folge ist eine wieder auflebende Wildflora; Kräuter und Blumen blühen, wo vordem nur einige robuste Gräser dem chemischen Rundumschlag zu ent-gehen vermochten.

Bei den Küchenkräutern des Gartens verbietet sich die Anwendung von Pestiziden (chemischen Pflanzenschutzmitteln) von selbst. Würzpflanzen werden täglich frisch und für den Sofortverbrauch geschnitten und müssen schon deshalb frei von jeglichen Schadstoffen sein. Glücklicherweise sind die meisten Kräuter wenig anfällig für Schad-organismen, und daß gar ein ganzer Bestand ge-schädigt wird, kommt äußerst selten vor. Ein Grund dafür mag in der natürlichen, den Wild-pflanzen eigenen Resistenz zu suchen sein – art-gerechte Pflege immer vorausgesetzt –, ein ande-rer liegt vielleicht in der intensiven Geruchs- und

49

Pilzinfektionen, hier an einer Ringelblume, zeigen sich durch Verfärbungen und Verkrümmungen der befallenen Teile

Aromaentwicklung, ein weiterer möglicherweise darin, daß auf dem Kräuterbeet viele, ganz unterschiedliche Gattungen und Arten auf engem Raum beieinander stehen. Treten dennoch einmal vermehrt Schädlinge oder Krankheiten auf, die sich durch Absammeln bzw. durch Entfernen befallener Pflanzenteile nicht beseitigen lassen, hält der Fachhandel ungiftige, nützlingsschonende Alternativmittel bereit. Bei Problemfällen wende man sich an den örtlichen Pflanzenschutzdienst (bei der Ortsverwaltung erfragen), der kostenlos berät.

Vermehrung

Mit der eigenen Jungpflanzenanzucht verfolgt man gemeinhin zwei Ziele: einen Bestand aufzubauen oder die bereits bestehende Kräutersammlung zu erweitern bzw. Fehlendes zu ergänzen. Werden nur einige wenige zusätzliche Exemplare benötigt, ist es zweckmäßig, im Gartencenter, in

einer Baumschule oder einer Staudengärtnerei danach Ausschau zu halten. Containerware ist auch außerhalb der üblichen Pflanzzeiten erhältlich und kann, den Winter ausgenommen, jederzeit in den Boden kommen. Ist dagegen eine größere Anzahl von Kräutern notwendig, lohnt sich aus Kostengründen die eigene Anzucht.

Aussaat

Für die Anzucht von Jungpflanzen aus Samen bieten sich drei Varianten an: warme Vorkultur auf dem Fensterbrett, in einem beheizbaren Anzuchtkasten oder im Kleingewächshaus; Aussaat auf ein tunnel- oder foliengeschütztes Anzuchtbeet im Garten, auch ein Frühbeetkasten mit Fensterauflage kommt dafür natürlich in Frage; Direktsaat an Ort und Stelle im Freien. Am zeitigsten kann man mit der warmen Vorkultur beginnen, doch auch hier wegen der noch kurzen Tage nicht vor Anfang März – es sei denn, man verfügt über spezielle Pflanzenleuchten, die das fehlende Licht ersetzen. Verwenden Sie Töpfe oder, noch besser, flache Schalen, die Sie mit Anzuchterde bis 1 cm unter den Rand füllen. Die Samen werden auf das vorher angefeuchtete Substrat gestreut und dünn mit gesiebter Erde oder Kompost abgedeckt. Dann drückt man an und nebelt das Ganze mit der Blumenspritze ein. Größere Samen, wie die von Borretsch, drückt man einzeln ins Substrat, und zwar etwa doppelt so tief, wie sie groß sind. Besonders praktisch sind

Anzucht von Jungpflanzen aus feinem Saatgut:
1. Die Samen werden auf das angefeuchtete Substrat gestreut

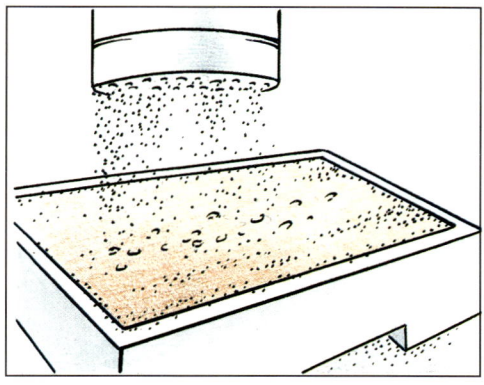

2. Anschließend deckt man mit gesiebter Erde oder feinem Kompost ab

3. Mit einem Brettchen oder einem kleinen Holzstück wird leicht angedrückt

4. Nach dem Besprühen stellt man die Anzuchtschale an einen hellen, warmen Platz. Eine Abdeckhaube verringert die Verdunstung

Torf- oder Torfquelltöpfe, in die nur drei oder vier Körner ausgelegt werden. Nach dem Aufgehen werden die schwächlichsten Sämlinge abgekniffen, die verbleibende Pflanze wächst heran und kommt nach Mitte Mai mitsamt dem Torftopf an den vorgesehenen Platz im Garten. Diese Methode hat gegenüber dem sonst unvermeidlichen Pikieren oder Vereinzeln den Vorteil, daß die Wurzeln nicht gestört oder beim Verpflanzen beschädigt werden. Aber wie man auch vorgeht – nach der Aussaat werden die Saatgefäße an einem nicht sonnigen Platz aufgestellt. Eine Abdeckung mit einer Glasscheibe oder mit Klarsichtfolie bzw. einem Folienbeutel ist ratsam, um die Verdunstung zu mindern und den Keimlingen eine feuchtwarme Atmosphäre zu verschaffen, die das Wachstum deutlich fördert. Sobald die ersten grünen Spitzen erscheinen, muß allerdings regelmäßig gelüftet werden, damit es nicht zu Fäulnis kommt; sind die Pflänzchen etwas herangewachsen, kann man die Abdeckung ganz entfernen. Während des Keimvorgangs, aber auch danach ist das Substrat leicht feucht zu halten. Warme Anzucht ist u. a. günstig für Basilikum, Lavendel, Majoran, Rosmarin, Salbei, Thymian und Ysop. Etwas später, wenn das Frühlingswetter draußen schon Wärme bringt, die Tage länger werden und die Eisheiligen nicht mehr fern sind, kann die Aussaat im Freiland auf ein extra Saatbeet erfolgen. Zu den weniger empfindlichen Kräutern gehören z. B. Borretsch, Dill, Kerbel, Kresse, Kümmel und Petersilie. In der Regel braucht man für diese »Kinderstube« nur ein kleines Areal, auf dem der Boden durch Harken feingekrümelt und gegebenenfalls mit etwas Kompost in der obersten Krume verbessert wurde. Um die Nachtkühle oder eventuell noch auftretende, leichte Fröste von den Anzuchten fernzuhalten, empfiehlt sich die Abdeckung mit einem Folientunnel oder einer Folienbahn, die zusätzlich das Entweichen der Bodenwärme verhindern und vor Regen schützen. Gesät wird breitwürfig oder in Reihen mit späterem Verpflanzen der kräftigsten Exemplare. Ab Mitte Mai, wenn keine Fröste mehr zu erwarten sind, ist auch eine Direktsaat auf das Kräuterbeet möglich. Bohnenkraut, Kapuzinerkresse, Majoran und Portulak kommen dafür besonders

Anzucht von Jungpflanzen aus grobem Saatgut:
1. Drei oder vier Samenkörner werden in einen Torf-
oder Torfquelltopf gelegt

2. Unter optimalen Bedingungen beginnt die
Keimung nach 8 Tagen. Nach dem Aufgehen kneift
man die schwächlichsten Sämlinge ab

3. Die verbleibende Pflanze kommt nach den
Eisheiligen mitsamt dem Torftopf in den Garten

in Frage, weil sie relativ empfindlich auf Kälte reagieren. In Gegenden mit mildem Klima kann man den Samen robuster Kräuter bereits im April in den Boden bringen. Die Bodenvorbereitung gleicht der des Saatbeets. Auf Feinkrümeligkeit ist ebenso zu achten wie auf das ständige Feuchthalten des Beets oder der Saatstelle; wird der Keimvorgang einmal durch Austrocknung unterbrochen, stirbt das Samenkorn unweigerlich ab. Bis die ersten grünen Spitzen erscheinen, kann man alte Säcke oder Folie über das Beet breiten, bei der Verwendung von Schlitzfolie ist ein Entfernen nicht notwendig. Die etwa 30 000 feinen Ein-

Reihensaat aus der Samentüte: Zunächst mischt man
die Samen mit Sand und streut dann diese Mischung
in die Rille. Andernfalls sät man meist zu dicht und
muß später vereinzeln

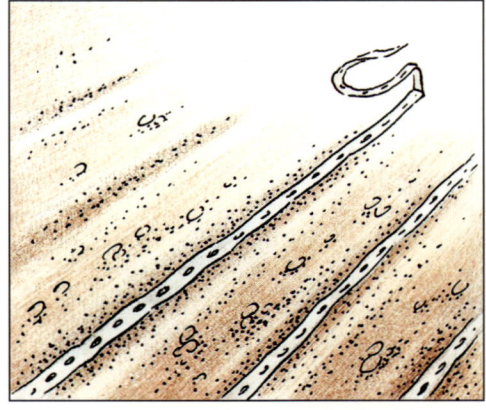

Saatbänder werden auf die gewünschte Beetlänge
zugeschnitten

schnitte pro Quadratmeter machen das Material so elastisch und dehnbar, daß es von den empor-wachsenden Pflänzchen nach oben gedrückt wird; dabei erweitern sich die Schlitze und lassen immer mehr Licht, Luft und Feuchtigkeit an die Gewächse gelangen. Man spricht deshalb auch von »mitwachsender Folie«. Direktsaat kommt vor allem dort in Frage, wo die Kräuter auf einem separaten Beet für sich alleine stehen. Hier sät man am besten in Reihen mit späterem Verziehen bzw. Verpflanzen. Einige Kräuter bzw. Kräuter-mischungen bietet der Handel auch in Form von Saatbändern an. Hier sind die Samenkörner bereits im richtigen Abstand »eingeschweißt«. Damit die Hüllmasse gut durchfeuchtet wird, müssen die Bänder noch vor dem Schließen der Rille gründlich angegossen werden.

Stecklinge

Im Sommer, etwa zwischen Juni und August, ist die günstigste Zeit, Stecklinge zu schneiden und bewurzeln zu lassen. Am besten gelingt es mit 6–8 cm langen Kopfstecklingen, das sind die Spitzen noch nicht verholzter, gesunder und kräf-tiger Triebe. Ein scharfes Messer ist geeigneter als

2. Die Schnittstelle des Stengels kann in Bewurzelungspuder getaucht werden

Vermehrung durch Kopfstecklinge:
1. Man schneidet etwa 10 cm lange Stecklinge

3. Anschließend setzt man die Stecklinge in ein Torf-Sand-Gemisch und deckt ab

eine Schere, bei der es zu Quetschungen des Gewebes kommen kann. Nachdem die unteren Blätter entfernt wurden, steckt man eines oder mehrere dieser Teilstücke in einen Blumentopf mit feuchtem Torf-Sand-Gemisch zu gleichen Teilen oder Anzuchterde, z. B. TKS 1. Um die Verdunstung herabzusetzen, wird ein Klarsichtbeutel über das Gefäß gezogen. Dann stellt man die »Pflanzenkinderstube« an einen schattigen Platz im Garten oder auf das Fensterbrett und sorgt für eine gleichmäßige, leichte Bodenfeuchtigkeit. Der Austrieb von Blättern und beginnendes Wachstum zeigen an, daß die Bewurzelung stattgefunden hat. Wurde der Steckling so zeitig geschnitten, daß sich daraus bis zum Herbst bereits eine kräftige Pflanze entwickelt hat, kann man sie in wintermilden Gegenden noch im selben Jahr an Ort und Stelle setzen und bei Kälteeinbrüchen mit Fichtenreisig schützen. Sicherer ist eine Überwinterung im Frühbeet oder an einem hellen, kühlen Platz im Haus. Ausgepflanzt wird dann im folgenden Frühjahr. Aus Stecklingen lassen sich u. a. Bergbohnenkraut, Estragon, Lavendel, Rosmarin, Salbei, Thymian und Ysop vermehren. Von Heiligenkraut und Eberraute gewinnt man auf diese Weise kostenlos Jungpflanzen für die Kräuterhecke.

Kleinere Horstpflanzen, z. B. Schnittlauch, hebt man mit der Grabegabel heraus...

...und reißt das Wurzelgeflecht mit den Händen vorsichtig auseinander

Größere Staudenkräuter wie Estragon oder Oregano lassen sich mit einem gezielten Spatenstich teilen

Teilung

Sie ist die einfachste Art der Vermehrung bei einigen ausdauernden Staudenkräutern wie Estragon, Oregano, Zitronenmelisse oder Schnittlauch. Als Zeitpunkt kommen die Phasen der Vegetationsruhe, also Herbst und Frühjahr, in Frage. Bei Pflanzen, die sich bereits stark ausgebreitet haben, sticht man mit dem Spaten ein beliebig großes Stück ab und setzt es an anderer Stelle wieder in den Boden – genau so tief wie am alten Platz. Bei kleineren Horsten hebt man das ganze Wurzelgeflecht mit der Grabegabel aus der Erde und trennt ein Stück mit einem scharfen Messer oder ebenfalls mit dem Spaten ab. Manchmal genügt es auch, das Wurzelgeflecht vorsichtig mit den Händen auseinanderzuziehen. Wenn dabei einige Wurzeln in Mitleidenschaft gezogen werden oder abbrechen, ist das nicht schlimm. Sie sind rasch durch neue ersetzt. Die geteilten Kräuter wachsen oft besser weiter als vorher. Nach dem Einpflanzen ist gut anzugießen. Die Vermehrungsmethode der Teilung dient nicht nur der Aufstockung des Pflanzenbestands, sondern auch der Verjüngung älterer Stauden, die aus der Mitte heraus bereits zu verkahlen beginnen und im Wachstum nachlassen.

Absenker

Eine weitere, recht einfache Methode, Kräuter zu vermehren, sind Absenker. Dazu biegt man einen möglichst langen, bodennahen Trieb herunter, klammert ihn mit einem Haken in einer kleinen Mulde fest und bedeckt diese Stelle mit Erde. Ist der Trieb dafür dick genug, fördert ein winziger Einschnitt auf der im Boden befindlichen Seite die Bewurzelung. Sobald sich Wurzeln gebildet haben, trennt man den Absenker ab und setzt die neue Pflanze an ihren Platz. Eine Variante besteht darin, den ausgewählten Zweig nicht im gewachsenen Boden, sondern in einem mit Erde gefüllten Blumentopf zu fixieren und dort bewurzeln zu lassen. Dieses Verfahren ist günstig, wenn die Vermehrung relativ spät vorgenommen wird; so besteht die Möglichkeit, die Jungpflanze frostfrei im Haus durch den ersten Winter zu bringen. Geeignet für Absenker sind u. a. Bergminze, Majoran, Salbei, Thymian, Winterbohnenkraut und Ysop.

Vermehrung durch Absenker:
1. Ein langer, bodennaher Trieb wird heruntergebogen. Die Mitte wird entblättert

2. Man befestigt den Trieb mit einer Drahtkrampe in einer kleinen Mulde und deckt mit Erde ab

3. Nach erfolgter Bewurzelung wird er abgetrennt und an der vorgesehenen Stelle eingepflanzt

Wurzelausläufer

Estragon und Pfefferminze bilden ähnlich Erdbeeren kleine Ableger, die unterirdisch verlaufenden Wurzelsträngen entsprießen. Das ist nicht immer angenehm, weil man dieses unplanmäßige Wuchern durch Herausreißen oder Abstechen der neuen Pflanzen eindämmen muß. Bei der Vermehrung kann man sich diese Eigenschaften zunutze machen, indem die Jungpflanzen einfach abgeschnitten und an anderer Stelle wieder in den Boden gesetzt werden, wo sie unproblematisch weiterwachsen. Bei Liebstöckel und Beinwell genügt es, der Mutterpflanze einige Wurzelstücke zu entnehmen, aus denen sich dann neue Kräuter entwickeln. Für beide Arbeiten ist das Frühjahr ein günstiger Termin.

Vermehrung durch Ausläufer: Bewurzelte Jungpflanzen werden von der Mutterpflanze abgestochen

Überwinterung

Die meisten unserer Würz- und Küchenkräuter können den Winter über auf ihrem Platz im Garten bleiben. Eine Ausnahme bilden Lorbeer und Rosmarin, die man nur in sehr milden Klimaten in einer von Winden geschützten Ecke im Freien lassen darf. Meist werden sie aber vor Eintritt strengerer Fröste ins Haus geholt und dort in einem hellen, kühlen Raum bei etwa 6–10 °C überwintert. Lorbeer ist als immergrüne Blattschmuckpflanze ohnedies mehr den Zier- als den

Würzgewächsen zuzuordnen, sein aromatisches Laub eher eine willkommene Beigabe.

Für viele andere Kräuter oder Kleinsträucher, die mediterranen, klimamilden Gegenden entstammen, sollte man im Herbst Reisig bereitlegen, falls der Winter strenge Fröste bringt. Bergbohnenkraut, Estragon, Fenchel (oft nur zweijährig kultiviert), Oregano, Salbei oder selbst Thymian sind nicht sicher frosthart und unter einer Schutzdecke aus Zweigen im Falle eines Falles besser aufgehoben. Beifuß, Liebstöckel, Petersilie, Sauerampfer, Schnittlauch, Tripmadam, um nur einige zu nennen, kommen ohne jeden Schutz aus. Wird Petersilie dennoch übertunnelt oder mit Fichtenreisig etwas abgedeckt, behält sie ihre Blätter länger, und man kann noch bis weit in den Dezember hinein Würzkraut für die Küche schneiden.

Frisches Grün läßt sich auch gewinnen, wenn man einige der Kräuter, die den Winter sonst draußen verbringen, im Herbst ins Haus holt.

Lorbeer und Rosmarin zählen zu den kälteempfindlichen Gewächsen, die in einem hellen, frostfreien Raum überwintert werden müssen

Bergbohnenkraut, Lavendel, Salbei und Thymian beispielsweise halten es gut in einem hellen, mäßig warmen Raum aus, sofern sie nicht erst im Herbst sondern bereits im Spätsommer eingetopft und vor Frosteintritt in ihr Winterquartier gebracht werden. Sie bekommen in dieser Zeit der Ruhe keinen Dünger, werden nur sehr mäßig gegossen und ihrer Blätter äußerst sparsam beraubt.

Auch von Petersilie kann man im Herbst einige Pflänzchen aus dem Boden nehmen und in Töpfe mit sandiger Erde setzen. Am hellen Küchenfenster bleiben sie uns einige Zeit als Würzlieferanten erhalten. Bei zum Treiben bestimmtem Schnittlauch wählt man einen relativ späten Termin, weil er nach dem Ausgraben auf dem Beet abtrocknen und ruhig auch etwas Frost abbekommen soll. Im Blumentopf am hellen Fenster und bei mäßiger Wärme sprießt dann schon bald neues Zwiebellaub. Für Basilikum ist Topfkultur von Anfang an eh das Beste. Wegen ihrer Kälteempfindlichkeit holt man einige dieser Pflanzen bereits im September ins Haus, wo sie es bei viel Licht auch im beheizten Zimmer noch eine Weile aushalten und für die Küche genutzt werden können. Theoretisch ließe sich das einjährige Basilikum den ganzen Winter über am Fenster kultivieren, wenn man sich aus Stecklingen neue Pflanzen heranzöge. Erfolgversprechend ist das jedoch nur,

sofern zusätzlich Kunstlicht gegeben wird – ein Aufwand, der sich kaum lohnt.

Wieweit es gelingt, Kräuter im Innenraum weiter zu ziehen und am Leben zu erhalten, hängt von mehreren Faktoren, nicht zuletzt von viel Fingerspitzengefühl bei der Pflege ab. Es darf weder zu reichlich, noch zu wenig gegossen werden, Temperatur und Lichtverhältnisse müssen stimmen, die richtigen Standorte gefunden werden. Auch hier gilt: Je länger man Erfahrungen sammelt, desto mehr Erfolg wird man haben. (Hinweise für die Zimmerkultur von Kräutern finden sich auch auf S. 45.)

Will gar nichts gelingen, können Sie sich Vitamine und Frischkost immer noch über Keimsprossen holen. Kresse, Alfalfa, Mungo (Sojasprosse), Linsen, Weizen, Senf, Leinsamen, Bockshornklee oder Rettich keimen auf Küchenkrepp bzw. feuchten Papiertaschentüchern innerhalb weniger Tage und liefern neben Vitaminen auch Spurenelemente, Mineralien, Pflanzeneiweiß und Kohlenhydrate in konzentrierter Form. Neben den Samen bietet der Handel sogenannte Keimboxen an, mit denen sich sicher und sauber arbeiten läßt.

Bei ausreichender Helligkeit läßt sich Basilikum auch im Winter kultivieren

Ernte und Konservierung

Das würzige Grün trägt nicht nur zur Geschmacks-bereicherung bei, sondern verbessert zugleich auch die Nahrung — und damit unsere Ernährung

Kräuter für den Sofortverbrauch in der Küche werden das ganze Vegetationsjahr über geschnitten, solange Blätter und Triebe noch grün und aromatisch sind. Anders als bei zum Konservieren bestimmten Teilen kommt es hier nicht vorrangig auf den Zeitpunkt des höchsten Wirkstoffgehalts, sondern vor allem auf die Frische an. Mangelt es an Aroma, wird eben nach dem Abschmecken etwas mehr in die Speisen gegeben, um den gewünschten Würzeffekt zu erzielen. Beblätterte Triebe, z. B. von Petersilie, kann man übrigens mit den Stengelenden ruhig für eine Weile in ein Glas mit Wasser stellen und so lange verwenden, wie sie noch frischgrün sind. In Alufolie oder Frischhaltebeuteln lassen sich Kräuter mehrere Tage im Gemüsefach des Kühlschranks aufbewahren, eventuell verlorene Würzkraft ist dann durch Menge auszugleichen.

Erntezeitpunkt

Bei der Kräuterernte für die Konservierung gelten allerdings andere Kriterien, hier macht es durchaus Sinn, den richtigen Pflücktermin ebenso zu berücksichtigen wie die Tageszeit und das Wetter. Achten Sie in diesem Fall auch peinlich genau darauf, nur wirklich frische, gesunde und unbeschädigte Pflanzenteile durch Abknipsen mit einem scharfen Messer oder einer Schere zu ernten, damit es später nicht zu Schimmel oder Geschmacksbeeinträchtigungen kommt. Und vor allem: Plündern Sie Ihre Pflanzen nicht aus! Wenn zum Konservieren größere Mengen erwünscht sind, besteht immer die Gefahr, mehr zu pflücken oder zu schneiden, als die Gewächse verkraften können. Anders verhält es sich, wenn mit Blick auf die Konservierung so reichlich angebaut wurde, daß einige Exemplare für den laufen-

den Sofortverbrauch reserviert sind, während die anderen ausschließlich der Haltbarmachung vorbehalten bleiben. In diesem Fall kann man großzügig ernten, ausdauernde Pflanzen bis auf die Hälfte zurückschneiden, einjährige sogar noch etwas mehr.

Bei der Mehrzahl der Kräuter haben sich die meisten Aromastoffe kurz vor der Blüte angesammelt. Danach braucht die Pflanze ihre Kräfte für den Flor und die Fruchtausbildung, was zu Lasten der Geschmacksintensität geht. Zum Ernten wählt man einen sonnigen Tag und die Vormittagsstunden, wenn der Tau verdunstet ist, die Blätter aber andererseits noch nicht durch die Mittagshitze in Mitleidenschaft gezogen wurden. Dies zu berücksichtigen, liegt in unserer Hand; einen kühlen, verregneten Sommer dagegen muß man hinnehmen und akzeptieren, daß die Aromaentwicklung der Kräuter in so einem Fall hinter den Erwartungen zurückbleibt. Mit dem wärmeliebenden Basilikum ist dann im Freien überhaupt kein Staat zu machen, es wird besser, Topfkultur vorausgesetzt, gleich ins Gewächshaus oder an ein helles Zimmerfenster gebracht. Samen, z. B. von Kümmel oder Fenchel, erntet

Im Stadium der Vollblüte ist die Kamille erntereif.
Die Blütenköpfe werden ohne Stiele und Blätter bei
sonnigem Wetter gepflückt

man, wenn sie reif sind, also kurz bevor die Körner von selbst ausfallen, ganze Pflanzen zum Trocknen in der Regel kurz vor der Blüte. Was nicht sofort verarbeitet wird, ist an einem schattigen, luftigen Platz für die Zwischenlagerung am besten aufgehoben. Achten Sie beim Ernten darauf, daß grüne Teile locker in den Behälter vorzugsweise ein Körbchen oder durchlöcherter Karton, zu liegen kommen und bald auf einem Bogen Papier ausgebreitet werden. Plastiktüten oder Folienbeutel sind auch kurzfristig ungeeignet, weil sich in ihnen Verdunstungsfeuchtigkeit sammelt und ein Hitzestau zur Welke des grünen Ernteguts führt.

Trocknen

Die einfachste, schonendste und natürlichste Methode, Kräuter zu konservieren, ist die Lufttrocknung. In früheren Zeiten, als es noch keine elektrischen Dörrapparate, Küchenherde oder gar Mikrowellengeräte gab, legte man sich auf diese Weise einen Vorrat für die kalte Jahreszeit und für die Hausapotheke zu. Wo ein luftiger Schuppen,

Speicher, Dachboden oder ein Gartenhäuschen zur Verfügung stehen, kann man sie auch heute noch als Trockengelegenheit nutzen. Da Luftzirkulation noch wichtiger ist als Wärme, muß man in geschlossenen Räumen die Fenster öffnen oder sonstwie einem Hitzestau entgegenwirken. Zur Not tut es ein in der Nähe des Trockenplatzes aufgestellter Ventilator. Pralle Sonne ist in jedem Fall zu meiden, weil sich dann die ätherischen Öle mitsamt den Aromastoffen rasch verflüchtigen.

Die zum Konservieren bestimmten Pflanzenteile sollten vor dem Trocknen nicht gewaschen, sondern nur vorsichtig ausgeschüttelt werden, um Kleintiere und lose Blättchen zu entfernen. Wenn sich der Garten jedoch in einem Industriegebiet mit vermutlich hoher Luftverschmutzung befindet, muß man von dieser Regel abweichen und die Kräuter unter einem sanft fließenden Wasserstrahl abspülen. Danach werden die Pflanzenteile behutsam mit Küchenkrepp oder einem weichen, saugfähigen Tuch abgetupft. Eine nachfolgende Vortrocknung ist nur bei ganzen, buschigen und dicht belaubten Pflanzen sinnvoll, deren Restfeuchte man nicht erst auf dem endgültigen Trockenlager abtropfen lassen möchte.

Sofern es sich nicht um bereits abgezupfte Einzelblätter, Triebspitzen oder Blüten handelt, kann man die Kräuterstengel mit einem Faden zusammenbinden und kopfunter, beispielsweise an einer Wäscheleine, zum Trocknen aufhängen. Achten Sie dabei darauf, daß sich die Pflanzen gegenseitig nicht berühren. Ein unter die Leine gebreitetes weißes Tuch oder ein Bogen Papier nimmt die während des Trockenvorgangs abfallenden Blättchen auf. Übrigens, so hübsch und nostalgisch es auch aussehen mag – die Küche ist als Trockenraum ungeeignet.

Eine weitere Möglichkeit des Trocknens bieten Obststeigen oder einfache flache Holzkistchen, wie man sie als Leergut in Supermärkten erhält. Sind die Eckpfosten zur luftigen Stapelung nicht ohnehin bereits verlängert, was bei Obstkisten meist der Fall ist, legt man beim Aufeinanderstellen kleine Hölzchen zwischen die Steigen – es sei denn, Sie besitzen einen so geräumigen Speicher oder Dachboden, daß die Behälter nebeneinander plaziert werden können.

In Gebieten mit hoher Luftverschmutzung sollten die geernteten Kräuter unter einem schwach fließenden Wasserstrahl kurz gewaschen werden

Ziemlich viel Platz beanspruchen auch mit Mull oder einem anderen luftigen Gewebe bespannte Holzrahmen, auf denen sich das Trockengut bequem ausbreiten läßt. Derartige Rahmen sind schnell zusammengenagelt, wobei man die passende Größe selber bestimmen und sozusagen »nach Maß« anfertigen kann. Fliegenfenster sind weniger empfehlenswert, lassen sich aber durchaus verwenden, wenn Loch- oder Schlitzfolie die Kräuter vor direkter Berührung mit dem Metallgitter bewahren. Trockenrahmen eignen sich hervorragend für Miniblättchen, Triebspitzen und zarte Blüten, die man, wie immer beim Trocknen, niemals übereinander schichten darf. Sehr fleischige Teile müssen unter Umständen ein- oder mehrmals gewendet werden, damit sie nicht faulen.

Samenkörner mit meist harten Schalen sind weitaus weniger empfindlich als zarte Blätter und Blüten und können deshalb auch an der Sonne getrocknet werden. Da die Reife für die Aromaentfaltung von entscheidender Bedeutung ist, bereitet es mitunter einige Schwierigkeiten, den richtigen Termin für die Ernte herauszufinden. Ein sicheres Anzeichen für den Reifezustand ist das Herausfallen der Körner aus den Samenständen – womit sie gleichzeitig für die Trocknung verloren, weil unauffindbar sind. Erfahrene Kräu-

Zum Trocknen werden die Kräuter an einem luftigen, schattigen Ort (Dachboden, Gartenhäuschen) kopfunter aufgehängt oder in Obstkisten ausgebreitet

tergärtner empfehlen deshalb, die Samen frühmorgens zu ernten, wenn ihnen noch Feuchtigkeit anhaftet und sie sich weniger leicht lösen. Eine andere, effektivere Methode: Umhüllen Sie die Samenstände mit einem luftdurchlässigen Gewebe oder Seidenpapier, das unten zugebunden wird. Abfallende Samen werden auf diese Weise sicher aufgefangen, eventuell hilft man durch leichtes Schütteln der »Tüte« ein bißchen nach. Schließlich kann man bei beginnendem Körnerfall auch die gesamten Samenstände vorsichtig abschneiden und, an einer Leine kopfunter aufgehängt, über einem weißen Tuch trocknen lassen oder auf eine helle Unterlage legen. Hier werden die Körner dann herausgeklopft, durch Ausblasen von Verunreinigungen befreit und in der Sonne oder auch an einem schattigen, luftigen Platz wie die Blätter zu Ende getrocknet.

Die trockenen Blätter werden abgestreift, mit der Hand zerrieben...

...und in dicht verschließbaren Gläsern und Dosen an einem lichtgeschützten Ort aufbewahrt

Elektrogeräte als Hilfsmittel

Neben der natürlichen Trocknung durch Frischluft besteht auch die Möglichkeit, die Technik dafür zu Hilfe zu nehmen, beispielsweise den Backofen im Küchenherd. Dazu legt man Alufolie über einen der Roste und sorgt dafür, daß höchstens 35 °C Wärme erzeugt werden, weil die Pflanzenteile mit ätherischen Ölen nicht mehr als 40 °C Hitze vertragen. Um diese Temperatur zu halten, muß die Ofentür während der gesamten Trocknung geöffnet bleiben, gleichzeitig entweichen dadurch die Verdunstungsdämpfe. Für kleinere Mengen Trockengut kommt auch die Mikrowelle in Frage. Hier erfolgt der Feuchtigkeitsentzug besonders schnell, nach wenigen Minuten kann man die Portion bereits entnehmen und die nächste hineingeben. Da im Zuge der Besinnung auf Althergebrachtes das Dörren von Obst wieder an Beliebtheit gewinnt, verfügt vielleicht der eine oder andere Gartenbesitzer bereits über einen Dörrapparat. Bei Geräten mit Temperaturregler wählt man die niedrigste Stufe und schichtet die Pflanzenteile auf die übereinanderliegenden Roste. Besonders schonend arbeiten Modelle mit integriertem Ventilator.

Aufbewahrung der Trockenkräuter

Die abgeschlossene Trocknung erkennt man an wie Glas splitternden Stengeln und brüchigen, zerbröselnden Blättern oder Triebspitzen. Alles, was einen nicht ganz einwandfreien Eindruck macht, ist auszulesen und wegzuwerfen, denn nur hochwertige Qualität garantiert lange Haltbarkeit und makelloses Aroma. Dann werden die Stengel in kleine Stücke zerbrochen, die Blätter mit der Hand zerrieben, alles kommt in fest verschließbare Schraubgläser, in weithalsige, gut zu verstöpselnde Flaschen oder Deckeldosen. Stehen die Glasbehälter später nicht an einem dunklen, kühlen Ort, wählt man besser braune oder grüne Gefäße, da das Trockengut unter Lichteinfluß leicht an Qualität verliert. Vergessen Sie auch nicht, alles zu etikettieren und das Jahr der Ernte ebenfalls zu vermerken. Besonders wichtig ist die Beschriftung der Behälter, wenn eigene Kräutermischungen hergestellt werden, bei denen man allein durch Augenschein nicht feststellen kann, was sie enthalten. Derartige »Aroma-Menüs« zusammenzustellen ist übrigens ein Hobby für sich, das im Wortsinn guten Geschmack voraussetzt, dann aber um so mehr Spaß macht.

Schnittlauch, Dill und einige andere Kräuter lassen sich durch Einfrieren konservieren

Einfrieren

Einige Kräuter lassen sich auch durch Einfrieren haltbar machen, wenn dabei auch häufig Aroma verlorengeht. Geeignet sind u. a. so beliebte Würzpflanzen wie Basilikum, Bohnenkraut, Dill oder Petersilie. Voraussetzung ist, daß man bei dieser Methode stets nur kleine Mengen konserviert, da die Grünteile nach dem Auftauen sofort verbraucht werden müssen; nochmaliges Frosten ist ebenso wenig ratsam wie eine spätere Verwendung einmal aufgetauten Gefrierguts.

Zunächst werden die vorgesehenen Blätter und Triebteile schonend unter fließendem Wasser abgespült, mit einem saugfähigen Tuch oder Papier trockengetupft und dann im Tiefkühlfach schockgefroren. Danach kommen die nun erstarrten Pflanzenteile in Gefrierbeutel, Plastikdosen oder -becher, wo man sie in der Kühltruhe bis zum jeweiligen Verbrauch aufhebt. Denken Sie auch hier an die Beschriftung!

Für Kräuter, die später nur zum Würzen von Suppen und Soßen bestimmt sind, bietet sich das Konservieren im Eiswürfel an. Dazu schneidet man die gewaschenen Blätter und Triebe mit dem Wiegemesser recht klein, gibt sie in die Eiswürfelschale und füllt mit Wasser auf. Nach dem Ge-

frieren werden die Würfel dann aus dem Schalengitter gelöst und in Plastikbeuteln oder -dosen im Gefrierfach aufbewahrt. Zum Würzen kommen die ganzen Würfel schon bei der Zubereitung in die Speisen. Auch bei diesem Verfahren sind eigene Mischungen möglich, die durch Beschriftung der Behälter kenntlich gemacht sein müssen.

Einlegen in Essig und Öl

Zweck dieser Konservierungsmethode ist es, den Kräutern Aroma- und Duftstoffe zu entziehen und sie über ein anderes Medium wie Essig oder Öl in der Küche zu nutzen. Wichtig ist zunächst, die für die Konservierung vorgesehenen Gefäße mit reinem Wasser ohne Spülmittelzusatz sorgfältig zu säubern und so gründlich zu trocknen, daß sich auch im Innern keine Feuchtigkeit mehr befindet. Am besten stellt man die gereinigten Behälter im Freien in die Sonne, damit auch der letzte Wasserrest verdunstet. Wer auf Originalität und optisches Ambiente Wert legt, wählt nicht die erstbeste Flasche, sondern stellt sich ein kleines Sortiment aus ansprechenden Größen und Formen zusammen, die auch sehr gefällig wirken, wenn man daraus direkt bei Tisch würzt.

Verwenden Sie nur besten Obst- oder Weinessig, damit das Kräuteraroma voll zur Geltung kommt und nicht verfälscht wird. Geeignet sind u. a. Basilikum, Estragon, Dill, Salbei oder Thymian, sicher aber auch noch das eine oder andere Kraut, das Ihnen besonders zusagt. Die frisch gepflückten Blätter und Stengel werden behutsam gewaschen, trockengetupft und dann in die Flaschen gefüllt. Meist genügt es, wenn der Flaschenboden zwei Fingerbreit mit Kräutern bedeckt ist bzw. zwei oder drei Stengel in das Gefäß gegeben werden. Die Menge ist letztlich Erfahrungs- und Geschmackssache, da die Würzkraft der verschiedenen Pflanzen unterschiedlich intensiv ist. Jetzt ist so weit mit Essig aufzufüllen, daß alle grünen Teile vollständig bedeckt sind. Anschließend wird das Ganze leicht geschüttelt, damit den Kräuterteilen anhaftende Luftbläschen entweichen können, dann fest verkorkt oder zugeschraubt, schließlich stellt man die Behälter an ein sonniges Fenster. Durch die Dauer des Ziehens läßt sich die Aromaentwicklung noch einmal beeinflussen, denn je länger das Gemisch der Sonne ausgesetzt ist, desto intensiver wirken die Geschmacksstoffe. Nach einigen Wochen oder Monaten kommt der Essig an einen dunklen, kühlen Platz, wo er nahezu unbegrenzt haltbar ist. Die Kräuter brauchen nicht abgesiebt zu werden; sie wirken in hellen Flaschen sehr dekorativ – besonders wenn Sie eine eigene Mischung zusammengestellt haben. Bei der Herstellung von Kräuteröl wird genau so wie oben beschrieben verfahren, nur daß die Behälter, wenn sie auf einem Fensterbrett in der Sonne stehen, gelegentlich leicht geschüttelt werden sollten, damit sich die Aromastoffe im dickflüssigen Öl besser verteilen. Wählen Sie auch hier nur Produkte allererster Qualität, also kaltgeschlagenes Pflanzenöl. Anders als beim Essig werden die Kräuter hier durch ein Sieb abgeseiht, bevor die Behälter ebenfalls an einem dunklen, kühlen Platz abgestellt werden.

Eine Variante zum reinen Kräuteröl stellt die Kräuterpaste dar, die sich besonders zum Würzen von Suppen, Soßen, Teigwaren und Kartoffelgerichten eignet. Zutaten des Grundrezepts sind 100 g Kräuter, 10 g Salz und 1/10 l gutes Pflanzenöl. Davon ausgehend, kann man leicht größere Mengen hochrechnen. Die frischen Kräuter werden gewaschen, trockengetupft und sehr fein gehackt oder im Mörser zerstoßen. Dann vermischt man sie mit Salz und Öl zu einer geschmei-

digen Masse und füllt alles in dunkle Schraubgläser ab. Mit reichlich Öl auffüllen, verschließen und die Gefäße an einem kühlen, dunklen Platz aufbewahren. Von Hobbyköchen erprobt und als Kräuterpaste für gut befunden wurden Bärlauch, Basilikum, Kerbel, Oregano, Pimpinelle, Salbei und Sauerampfer.

Einsalzen

Diese Konservierungsmethode ist heute kaum mehr gefragt, zumal sich nur wenige Kräuter wie etwa Dill, Liebstöckel, Petersilie oder Pimpinelle dafür eignen. Sie werden nach dem Pflücken schonend gewaschen, abgetrocknet und dann lagenweise mit Salz in Gläser geschichtet. Man rechnet etwa vier Teile Grünmasse auf einen Teil Salz. Die Gefäße werden an einem kühlen, dunklen Platz gut verschlossen aufbewahrt. Wegen der hohen Salzkonzentration gehört zum Würzen der Speisen eine Portion Erfahrung – wahrscheinlich mit ein Grund, weshalb diese Art der Konservierung heute kaum mehr praktiziert wird.

Kräuter in Essig und Öl – eine praktische Konservierungsmethode und ein schönes Geschenk

Kräuter von A bis Z

Mit seinen weißen Blütendolden paßt Anis auch gut ins Staudenbeet

EINJÄHRIGE KRÄUTER

Anis
Pimpinella anisum

Schon in der Antike war dieser Doldenblütler *(Umbelliferae)* bekannt und geschätzt. Er stammt wahrscheinlich aus dem Orient und wurde im östlichen Mittelmeergebiet heimisch. Mit ihren geschlitzten Blättern und den weißen, endständigen Blütendolden im Juli/August kann man die 30–60 cm hohe Pflanze durchaus auch in ein Staudenbeet oder an einen anderen Platz im Ziergarten setzen, wo ihre schmückende Wirkung zur Geltung kommt. Weil im Aroma ähnlich, wird dieses Würzkraut in manchen Gegenden auch als Süßer Fenchel bezeichnet; es hat aber mit dem Sternanis *(Illicium verum)* nichts gemein.

Kultur: Anis zählt zu den wärmeliebenden Pflanzen und sollte deshalb einen möglichst sonnigen Platz erhalten. In kühlen, verregneten Sommern ist der Ertrag unsicher, da der Samen bis zu einem Monat Keimdauer besitzt und die als Gewürz verwendeten Früchte oft nicht mehr richtig ausreifen können. Man sät im April/Mai breitwürfig oder in Reihen in nahrhaften, locker-humosen und wenn möglich etwas kalkhaltigen Boden aus. Später wird auf etwa 20 cm Abstand vereinzelt. Als Dunkelkeimer ist der Samen gut mit Erde zu bedecken. Wegen der langen Keimdauer wird empfohlen, die Saatstelle mit Radieschensamen zu markieren.

Ernte: Sobald sich die Früchte bräunlich verfärben, in der Regel im August/September, werden die reifen Hauptdolden abgeschnitten und zum Trocknen aufgehängt, während die anderen noch nachreifen. Man kann aber auch die gesamte Pflanze aus dem Boden nehmen und trocknen.

Die süßlichen, sehr aromatischen Körner reifen zuerst an der Hauptdolde

Danach sind die Samen auszuschütteln und in Schraubgläsern aufzubewahren.

Verwendung: Anis dient vor allem zum Würzen von Gebäck und Brot, man kann es aber auch zum Verfeinern von Salaten, Suppen und Soßen verwenden.

Rotblättrige Basilikumsorten bringen Farbe und Abwechslung ins Kräuterbeet

Empfindlich gegen Kühle und Trockenheit: das intensiv duftende Basilikum

Basilikum
Ocimum basilicum

Auch dieser Lippenblütler *(Labiatae)* blickt auf eine lange Tradition als Gewürz- und Heilpflanze zurück. Seine Bezeichnung ist wahrscheinlich vom Griechischen basileios abgeleitet, was Herr oder König bedeutet und sich in einem seiner deutschen Namen, dem Königskraut, wiederfindet. Basilikum wird je nach Art zwischen 15 und 60 cm hoch, besitzt kantige Stengel und hellgrüne, gewölbte Blätter. Sorten mit dunkelrotem Laub sollte man vereinzelt als Farbtupfer im Kräuter- oder auch Sommerblumenbeet einsetzen, sie wirken aber auch als Topfpflanze sehr dekorativ.

Kultur: Basilikum ist ein wärmebedürftiges und frostempfindliches Gewächs und sollte deshalb im Freiland nicht vor Mitte Mai ausgesät werden. Die Pflanzen benötigen einen geschützten, sonnigen Platz und lockeren, nährstoffreichen Boden. Man sät den Lichtkeimer, nur hauchdünn mit Erde bedeckt, in Reihen und vereinzelt später auf 25 x 25 cm, das Kleinblättrige Basilikum *(Ocimum minimum)* kommt auch mit 15 x 20 cm aus. Sicherer ist die Anzucht im April auf dem Fensterbrett oder im warmen Frühbeet. Nach dem Auspflanzen ab Mitte Mai empfiehlt sich ein Vlies- oder Folienschutz, um den Pflanzen über die noch kühlen Nächte hinwegzuhelfen. Generell ist in diesem Fall die Topfkultur vorzuziehen, weil dann die Möglichkeit besteht, die empfindlichen Kräuter bei Schlechtwetterperioden an einen geschützten Platz zu bringen.

Ernte: Verwendet werden die Blätter und jungen Triebe, die sich den ganzen Sommer über pflücken lassen. Zum Konservieren schneidet man die Stengel kurz vor der Blüte Anfang Juli eine gute Handbreit über dem Boden ab, so daß die Pflanze neu austreiben und weiteres Würzgrün liefern kann. Trocknen lohnt bei Basilikum kaum, da sich das Aroma nicht hält; besser ist Einfrieren oder Einlegen in Olivenöl.

Verwendung: Basilikum ist das »klassische« Tomaten- und Nudelgewürz und paßt zu verschiedenen Fisch- wie Fleischgerichten, zu Salaten und Soßen. Es sollte nicht mitgekocht und wegen des intensiven Aromas nur sparsam verwendet werden.

Bohnenkraut
Satureja hortensis

Das rund ums Mittelmeer heimische Sommerbohnenkraut wird bis zu 40 cm hoch und besitzt schmale, lanzettliche Blätter, deren Würzkraft bereits die Mönche des Mittelalters zum Anbau in ihren Klostergärten bewog. Die Pflanze mit den behaarten, rötlichviolett überlaufenen Sprossen ist nicht zu verwechseln mit dem zur selben Gattung zählenden Bergbohnenkraut *(Satureja montana)*, das bei den ausdauernden Kräutern beschrieben wird (Seite 83). Beide gehören zur Familie der Lippenblütler *(Labiatae)*.

Kultur: Da das Bohnenkraut wie alle Pflanzen der Mittelmeerregion sehr wärmebedürftig ist, sät man bereits im April am Fensterbrett oder im warmen Frühbeet aus und pflanzt nach den Eisheiligen (12.–15. Mai) an den vorbestimmten Platz im Garten. Ab Mitte Mai ist auch Direktsaat ins Freiland mit späterem Vereinzeln auf 25 x 25 cm möglich. Da es sich um einen Lichtkeimer handelt, ist nur sehr dünn mit Erde abzudecken. Der Boden sollte humos, durchlässig und nicht gedüngt sein, etwas sandiges Erdreich ist günstiger als schweres, lehmhaltiges. Das Bohnenkraut verlangt einen sonnigen und windgeschützten Standort, gewässert wird nur zurückhaltend. Bei unsicherer Witterung im Frühjahr empfiehlt sich Abdeckung oder Übertunnelung mit Folie.

Ernte: Bei gestaffelten Folgesaaten kann man den ganzen Sommer über die würzigen Blättchen pflücken, die ihr höchstes Aroma kurz vor und während der Blüte entfalten. Dies ist auch der günstigste Zeitpunkt, um die Pflanzen dicht über dem Boden abzuschneiden und gebündelt zum Trocknen aufzuhängen. Die Blättchen bewahrt man dann, wie stets bei Kräutern, in dicht verschließbaren Dosen oder Gläsern auf.

Verwendung: In erster Linie zu Bohnengerichten und -salaten aller Art, außerdem zu Fleisch (besonders Hammelfleisch), Wild, Suppen und Soßen. Bohnenkraut wird mitgekocht, bis es genügend Aroma abgegeben hat.

Kennzeichen des einjährigen Bohnenkrauts: der rötlichviolette Farbhauch auf Stengel und Blättern

Bohnenkraut wächst zu reich verzweigten Büschen heran

Borretsch
Borago officinalis

Als Heimat dieses Borretschgewächses *(Boraginaceae)* wird Syrien vermutet, von wo aus es zuerst nach Arabien, dann nach Spanien und von dort aus im Mittelalter in die Klostergärten nördlich der Alpen gelangte. Die 60–80 cm hohe Pflanze mit behaarten Stengeln und beidseits behaarten Blättern hat ein starkes Ausbreitungsbedürfnis und sollte deshalb möglichst nicht direkt im Kräuterbeet mit teilweise weniger vitalen Gewächsen Platz finden. Wegen der hübschen, blauen, seltener auch rosa oder weißen Blüten kann man Borretsch durchaus an den Rand eines Staudenbeets oder entlang eines Gartenwegs pflanzen; auch dort muß von Zeit zu Zeit ausgelichtet oder abgestochen werden, zumal Borretsch sich durch Selbstaussaat vermehrt.

Kultur: Der Dunkelkeimer zählt zu den anspruchslosen Kräutern, gedeiht in Sonne wie Halbschatten in humosem, durchlässigem und nicht zu trockenem Boden. Ausgesät wird von April bis Juni direkt ins Freiland, wobei man später so ausdünnen sollte, daß die Pflanzen nicht zu dicht stehen. Enger Stand beeinträchtigt die Entwicklung der saftigen Blätter und fördert den Befall mit Mehltau.

Ernte: Gepflückt werden fortlaufend die jungen Blätter, die ständig nachwachsen; älteres Laub ist ledrig und gibt nur wenig Geschmack. Zum Trocknen ist Borretsch nicht geeignet, weil er dadurch nahezu das gesamte Aroma einbüßt; man kann die Blätter aber sehr gut einfrieren.

Verwendung: Vor allem als Würze in Gurkensalat, daher auch der volkstümliche Name Gurkenkraut. Außerdem passen die saftigen Bätter zu allem, was frisch ist: grüne Salate, Quark, Dressings. Die eßbaren blauen Blüten eignen sich überdies als Dekoration in alkoholischen Getränken, wie z. B. Bowlen, und in Limonaden.

Die Stengel des Borretschs sind dicht behaart

Die hübschen, blauen Blüten locken Bienen und andere Insekten an

Dill
Anethum graveolens

Diese uralte Gewürzpflanze findet bereits in der Bibel Erwähnung, wurde von den Ägyptern als Heilkraut verwendet und von Griechen wie Römern geschätzt. Bei uns trat sie schon früh den Weg aus den Kloster- in die Bauerngärten an. Kennzeichen des 50–120 cm hohen Doldenblüters *(Umbelliferae)* sind die langen, sehr feingefiederten Blätter und die gelblichen Doldenblüten, die von Juni bis August erscheinen.

Kultur: Dill sollte einen sonnigen und wegen seiner Höhe und der schmalen, hohlen Stengel auch windgeschützten Platz mit humosem, staunässesicherem Boden erhalten. Ausgesät wird im April, am besten in Reihen, besonders wenn die Blütendolden später für Einlegegurken verwendet und die Samen getrocknet werden sollen. Folgesaaten empfehlen sich, damit immer frisches Kraut zur Verfügung steht.

Ernte: Für den Sofortverbrauch kann bis zum Herbst fortlaufend frisches Grün geerntet werden; übriggebliebene Blättchen lassen sich gut einfrieren. Die Blütenstände werden bei beginnendem Flor geschnitten, wenn sie als Einlegegewürz dienen; sollen die Samen getrocknet werden, schneidet man die ganze Staude bodennah ab, sobald die Dolden sich zu bräunen beginnen und hängt sie zum Trocknen an einen schattigen, luftigen Platz kopfunter über ein weißes Tuch oder Papier. Dadurch läßt sich der Verlust durch herausfallende Samen begrenzen. Die getrockneten Samen werden in Schraubgläsern aufbewahrt.

Verwendung: Frischer Dill schmeckt hervorragend zu Fisch, zu Salaten, Kartoffelgerichten und weißen Soßen; mit ganzen Stengeln kann man Kräuteressig würzen und dekorieren, die Blütendolden sind für Einlegegurken fast unverzichtbar.

Blütendolden des Dills: wichtige Zutat beim Einlegen von Gurken und bei der Zubereitung von Kräuteressig

Junge Dillblätter sind besonders zart

Die stark aromatische Kamille ist nur als Heilpflanze von Bedeutung

Kamille
Chamomilla recutita

Obgleich die Echte Kamille als Küchenkraut keine Verwendung findet, wäre ein Kräutergarten ohne diese seit altersher geschätzte Heilpflanze unvollständig. Der Korbblütler *(Compositae)*, der bei uns auf Schutthalden, an Wegrändern und in Getreidefeldern wild wächst, wird 20–50 cm hoch, hat gefiedertes Laub und gelbe, hohle Blütenköpfchen mit weißen Blütenblättern. Nicht zu verwechseln ist diese einjährige Pflanze mit der ausdauernden Römischen Kamille *(Chamaemelum nobile)*, die ebenfalls als Heilpflanze Bedeutung hat.

Kultur: Ausgesät wird breitwürfig oder in Reihen mit 20 cm Abstand von April bis Juni an einen sonnigen Platz. Später ist auszulichten, der Endabstand von Pflanze zu Pflanze sollte etwa 20 cm betragen. Etwas lehmhaltige Erde ist günstig, aber nicht Bedingung, die anspruchslosen Pflanzen gedeihen in jedem Gartenboden.

Ernte: Gesammelt werden die Blüten, die sich bis September öffnen, bei sonnigem, warmem Wetter. Anschließend trocknet man die blatt- und stengellosen Köpfchen auf einer Papierunterlage und bewahrt sie in verschließbaren Gläsern auf.

Verwendung: Die Blüten ergeben einen Heiltee bei Magen- und Darmbeschwerden, Dampfbäder helfen bei Erkältungen und Erkrankungen der Atmungsorgane, Umschläge lindern Entzündungen und beschleunigen die Wundheilung.

69

Blüten der Kapuzinerkresse können als eßbare Dekoration verwendet werden

Kapuzinerkresse
Tropaeolum majus

Die Heimat dieses Kapuzinerkressegewächses *(Tropaeolaceae)* ist Peru, von wo es die spanischen Seefahrer nach Europa brachten. Die Pflanzen mit den bis zu 5 m langen Sprossen können sowohl ganze Bodenpartien bedecken, als auch an Gerüsten klettern – Eigenschaften, die sie zu beliebten Bewohnern der Bauerngärten machten. Heute werden vor allem die großblumigen *Tropaeolum*-Hybriden angeboten, die etwas weniger kletterfreudig sind, aber auch noch gute 3 m schaffen. Außerdem gibt es das nicht kletternde, kompakt wachsende *T. nanum*, die Kleine Kapuzinerkresse, und das stark rankende *T. peregrinum* mit leuchtendgelben Blüten und im Habitus graziler als die anderen.

Kultur: Da Kapuzinerkresse frostempfindlich ist, wird sie entweder ab März am Fensterbrett vorgezogen oder in der zweiten Maihälfte direkt ausgesät – in Reihen oder zu Horsten mit jeweils drei bis vier der dicken Körner. Der Endabstand sollte etwa 20 cm betragen. Besondere Bodenansprüche werden nicht gestellt, sehr nährstoffhaltiges Erdreich fördert allerdings den Blattwuchs auf Kosten der Blüten, die sich in voller Sonne besser entwickeln als im Halbschatten.

Ernte: Junge Blätter und Blüten kann man den ganzen Sommer über pflücken. Sie lassen sich nicht konservieren.

Verwendung: Blätter und Blüten kann man als Salat oder als Beigabe zu anderen Salaten verwenden. Geschlossene Blütenknospen und unreife Samen werden in Weinessig eingelegt und dienen als Kapernersatz.

Kerbel
Anthriscus cerefolium

Der Doldenblütler *(Umbelliferae)* ist von Westasien bis Südosteuropa verbreitet und wurde wahrscheinlich wie so viele Kräuter von den Römern über die Alpen gebracht. Die Pflanze, von der es kraus- und glattblättrige Zuchtformen gibt, wird bis zu 60 cm hoch und blüht mit weißen Dolden von Mai bis August.

Kultur: Da Kerbel wenig kälteempfindlich ist, kann man schon im März/April in 20 cm voneinander entfernte Reihen im Freiland aussäen und später auf etwa 10 cm verziehen. Geeignet ist jeder normale Gartenboden und ein Standort in Sonne bis Halbschatten. Wer den an Anis erinnernden Geschmack mag, sorgt bis Juni für Folgesaaten in dreiwöchigem Abstand, da Kerbel – beste Wachstumsbedingungen vorausgesetzt – schon nach 6 Wochen erntereif ist.

Ernte: Die größte Würzkraft haben die jungen Blätter vor der Blüte. Man kann fortlaufend für den Sofortverbrauch pflücken. Zum Trocknen ist das Kraut nicht geeignet, allenfalls ist ein Versuch mit Tiefgefrieren möglich.

Verwendung: Kerbel paßt zu Rohkostsalaten, Quark und vielen Soßen. Kerbelsuppe ist eine delikate Spezialität, bei der die feingehackten Blätter wie bei allen anderen gegarten Gerichten nicht mitgekocht werden dürfen.

Kerbel wächst sehr rasch; bereits 6–8 Wochen nach der Aussaat kann man die jungen Blätter ernten

Koriander
Coriandrum sativum

Es handelt sich bei diesem Doldenblütler *(Umbelliferae)* um eine uralte Gewürz- und Heilpflanze, die schon im Ägypten der Pharaonen, in China und Indien bekannt war und in Vorderasien wie Nordafrika beheimatet ist. Die Pflanze wird 50–80 cm hoch, hat im oberen Bereich feingefiederte Blätter und blüht von Juni bis August mit weißen bis rosa gefärbten Blütendolden.

Kultur: Ende März/Anfang April wird in Reihen mit 25 cm Abstand ausgesät. Die jungen Pflanzen sind später auf 20 cm zu vereinzeln. Eine Aussaat nach Anfang Mai lohnt nicht mehr, da die Früchte dann nicht ausreifen können. Leicht kalkhaltiger Boden ist günstig, ein sonniger, windgeschützter Platz empfehlenswert.

Blühender Koriander

Ernte: Als Gewürz finden nur die Früchte Verwendung. Man schneidet die Stengel am besten frühmorgens, wenn die Samenkörner noch nicht so leicht ausfallen, und läßt sie, aufgehängt über einem hellen Tuch, trocknen. Aufbewahrt werden die Körner in einem verschließbaren Glas.

Verwendung: Koriander ist Bestandteil vieler Gewürzmischungen, außerdem in Lebkuchen und anderem Weihnachtsgebäck enthalten. Man nimmt ihn auch zu Fisch- und Fleischgerichten, Soßen, zum Einlegen von Gurken und Roter Bete.

Kresse
Lepidum sativum

Die Heimat dieses Kreuzblütlers *(Cruciferae)* ist Persien, von wo aus er den Weg ins westliche Mittelmeergebiet und später in die römischen Provinzen diesseits der Alpen fand. Das einjährige Kraut wird 40–50 cm hoch, die winzigen, weißlichen bis rosa Blüten erscheinen im Juni/Juli.

Kultur: Kresse ist ausgesprochen genügsam, stellt weder an Boden noch an den Standort, der sonnig oder beschattet sein kann, besondere Ansprüche und keimt bereits nach 3 Tagen. Einzig mineralisch gedüngte Böden und Trockenheit werden nicht vertragen. Man kann bereits im März breitwürfig aussäen und sollte durch Folgesaat im Zwei-Wochen-Rhythmus dafür sorgen, daß stets genügend frisches Grün zur Verfügung steht. Der Samen wird nur angedrückt oder ganz leicht mit Erde bedeckt. Es gibt glatt- wie krausblättrige Sorten, die sich sehr gut mit anderen schnellwüchsigen Kulturen, wie z.B. Radieschen, auf einem gemeinsamen Beet anbauen lassen.

Ernte: Man schneidet fortlaufend die kleinen Blättchen, wenn die Pflänzchen etwa Handhöhe erreicht haben. Trocknen ist nicht zu empfehlen, eventuell kann man Kresse zusammen mit anderen Salatkräutern als gebrauchsfertige Mischung einfrieren. Den Winter über lassen sich die Samen in einer Keimbox oder einfach auf feuchtem Küchenkrepp zum Keimen bringen (vergleiche hierzu Seite 57).

Verwendung: Zu Quark und Käse, auf Butterbrot und zum Garnieren; Salaten verleihen die Blättchen einen frischen Geschmack.

Gartenkresse sollte nur frisch verwendet werden

Majoran
Origanum majorana

Indien, Ostafrika und die Mittelmeerländer werden als Heimat des Majoran angegeben. In warmen Klimagebieten eine kleine Staude, wird der 30–50 cm hoch wachsende Lippenblütler *(Labiatae)* bei uns nur einjährig kultiviert. Die kleinen, weißen, lila- oder rosafarbenen Blüten erscheinen von Juni bis August.

Kultur: An einem warmen, geschützten und sonnigen Standort sät man ab Mitte Mai mit 25 cm Reihenabstand ins Freie oder bereits im März am Fensterbrett aus. Später vereinzelt man auf etwa 15 cm in der Reihe, wobei drei oder vier Pflänzchen einen Horst bilden können. Der Lichtkeimer braucht einen lockeren, humosen Boden und wird nur dünn mit Erde abgedeckt.

Ernte: Zum Sofortverbrauch werden laufend Blättchen und Triebspitzen genommen. Soll getrocknet werden, ist die Zeit unmittelbar vor dem Öffnen der Blüten am günstigsten, weil dann

Zum Trocknen vorgesehener Majoran wird geschnitten, bevor sich die kugeligen Blütenknospen öffnen

Hummel auf Majoranblüte

Gewürzpaprika, auch Spanischer Pfeffer genannt

die meisten Aromastoffe in den Pflanzenteilen enthalten sind. Man hängt die gebündelten Stengel kopfunter auf, die trockenen Blättchen streift man dann in verschließbare Gefäße.

Verwendung: Als Würze zu vielen Fleisch- und Wurstspeisen, auch zu Hackfleisch, Eier- und Kartoffelgerichten, Suppen und Eintöpfen. Majoran kann mitgegart werden.

Paprika
Capsicum annuum

Die Heimat des Paprika ist Mittel- und Südamerika. Von dort brachten ihn die Spanier nach Europa. Weder der großfrüchtige Gemüse- noch der hier beschriebene Gewürzpaprika oder Spanische Pfeffer stammen also aus Ungarn, das heute zu den Hauptanbaugebieten zählt. Das Nachtschattengewächs *(Solanaceae)* mit den schmalen, spitz zulaufenden, roten oder gelben Fruchtschoten (botanisch Beeren) und den glänzendgrünen Blättern wird etwa 60 cm hoch und öffnet von Juli bis September meist weiße Blüten an kurzen Stielen.

Kultur: Da Paprika aus tropischen Gebieten stammt und daher sehr wärmebedürftig ist, empfiehlt sich ähnlich wie bei Tomaten eine warme Vorkultur ab März am Zimmerfenster oder im Anzuchtbeet. Erst nach den Eisheiligen kann dann an einen windgeschützten und sonnigen Platz im Garten ausgepflanzt werden. Anfänglich ist eine Übertunnelung aus Folie anzuraten, falls mit kühlen Nächten gerechnet werden muß. Der Abstand von Pflanze zu Pflanze sollte etwa 40 cm betragen. Paprika benötigt wie die meisten Nachtschattengewächse reichlich Nährstoffe und Feuchtigkeit, wenn die Früchte ausreifen sollen. Man gibt entweder Kompost oder einen anderen organischen Dünger und sorgt durch gelegentliches Aufhacken, vor allem nach starken Regenfällen, für Bodenlockerung.

Ernte: Im August und September reifen die Früchte heran. Man verwendet sie entweder frisch als Gewürz an pikanten Speisen oder reiht sie zum Trocknen an Schnüren auf und pulverisiert sie später im Mörser.

Verwendung: Wegen der Schärfe stets nur sparsam, frisch in Suppen, Soßen oder zu Fleisch- und Gemüsegerichten, getrocknet überall dort, wo man auch Pfeffer verwendet.

Portulak schmeckt jung am besten. Blüht die Pflanze, werden die Blätter hart und bitter

Portulak
Portulaca oleracea

Das in Westchina und Indien beheimatete Portulakgewächs *(Portulacaceae)* gelangte schon in der Antike in die Länder der Mittelmeerregion und von dort aus weiter nach Mitteleuropa. Die Pflanze wird 20–30 cm hoch, hat fleischige, verkehrt eiförmige Blätter und gelbliche Blüten von Mai bis September.

Kultur: Da Portulak frostempfindlich ist, sät man erst ab Mitte Mai ins Freiland (Reihenabstand: ca. 15 cm). Die Samen drückt man an, ohne sie mit Erde zu bedecken. Gewünscht wird ein sonniger, geschützter Platz und humoser, durchlässiger, eher sandiger Boden, da Staunässe zu Mißerfolgen führt. Auch kühle, verregnete Sommer sind für die Kultur ungünstig. Als Dünger kommt nur Kompost oder ein milder Naturdünger in Frage, die keinen Wachstumsstoß zur Folge haben. Wird alle 4 Wochen nachgesät, kann man fortlaufend ernten, bis zunehmende Kühle die Entwicklung stoppt.

Ernte: Es wird nur so lange geschnitten, bis die Pflanzen in Blüte gehen und bitter schmecken. Zum Konservieren ist Portulak nicht geeignet.

Verwendung: Das frische Kraut paßt zu Suppen, Soßen, Salaten und Gemüsegerichten. Außerdem wird Portulak zur Verfeinerung von Quarkaufstrichen genutzt oder wie Spinat zubereitet.

Ringelblume
Calendula officinalis

Aus Asien und Südeuropa stammend, fand die Ringelblume im Mittelalter den Weg in die klösterlichen Apotheken- und auch in die Bauerngärten, wo sie als Heil- und Zierpflanze gezogen wurde. Heute wird dieser hübsche Korbblütler *(Compositae)* wieder vermehrt als Sommerblume im Garten kultiviert; dort sorgt er mit den strahlendgelben oder orangefarbigen Blüten vom Sommer bis zum Spätherbst für eine freundliche Atmosphäre. Die anspruchslosen Pflanzen werden 30–50 cm hoch.

Kultur: Die Ringelblume gedeiht in jedem normalen Gartenboden, am besten an einem sonnigen Platz, aber auch Halbschatten wird noch akzeptiert. Man sät von März bis Mai ins Freiland und vereinzelt später auf 30 cm Abstand von Pflanze zu Pflanze. Ein zu enger Stand begünstigt Krankheits- und Schädlingsbefall.

Ernte: Frische Blätter werden fortlaufend geschnitten, so lange sie noch jung und zart sind. Die Blüten lassen sich auch konservieren. Man pflückt sie am besten nur an sonnigen Tagen, nachdem der Tau verdunstet ist. Getrocknet werden die ganzen Blütenköpfe oder die einzelnen, ausgezupften Blütenblätter.

Verwendung: Sowohl die Blütenblätter als auch das ganz junge, frische Laub dienen, fein zerhackt, als würzende Zutat für Salate. Kräuterexperten dienen die getrockneten Blütenblättchen auch als Safranersatz bei Fleisch- und Fischsuppen. In der Volksmedizin finden Ringelblumentees, -kompressen, -bäder und -salben seit altersher Verwendung.

Seit dem Mittelalter gehört die Ringelblume zum festen Bestandteil der Bauerngärten

Ringelblumen in Orange ('Zwerg Anagor')

Schnittsellerie wird vor allem als Suppengewürz verwendet

Schnittsellerie
Apium graveolens var. secalinum

Als Ursprungsform der heutigen Gartenzüchtungen gilt der Wild- oder Sumpfsellerie, der auf salzhaltigen Böden Süd- und Nordeuropas seit jeher vorkommt. In altägyptischen Grabbeigaben wurde Sellerie ebenso gefunden wie bei Ausgrabungen in Norddeutschland und den Niederlanden, die fossile Reste aus der Zeit um 600 v. Chr. zutage förderten. Der Doldenblütler *(Umbelliferae)* mit den fiederschnittigen Blättern wird 20–30 cm hoch und entwickelt seine weißen Doldenblüten im zweiten Jahr. Da blühende Pflanzen zum Würzen ungeeignet sind, wird Schnittsellerie nur einjährig gezogen.

Kultur: Man erzielt die besten Ergebnisse, wenn die Pflanzen im März/April am Zimmerfenster vorkultiviert und nach den Spätfrösten im Mai mit 30 cm Abstand ins Freie gepflanzt werden. Als Lichtkeimer darf man die Samenkörner nur dünn mit Erde bedecken. Bei Direktsaat wartet man ebenfalls die Eisheiligen ab. Sellerie, es gibt kraus- wie glattblättrige Sorten, verlangt einen nährstoffreichen, lockeren und nicht zu trockenen Boden in sonniger oder halbschattiger Lage. Auf sehr mageren, durchlässigen Böden muß eventuell mineralisch nachgedüngt werden, sonst tun es auch reichliche Kompostgaben. In Trockenperioden ist unbedingt zu wässern.

Ernte: Die Blätter für den Frischverbrauch können fortlaufend geschnitten werden, doch immer nur so viel, daß die Pflanze nachwachsen kann. Sellerieblätter lassen sich einfrieren oder trocknen; als Trockengut büßen sie allerdings an Aroma ein.

Verwendung: Salate, Soßen und Suppen werden durch Sellerieblätter würziger.

Senf
Sinapis alba, Brassica nigra

Beide Pflanzen gehören in die Familie der Kreuzblütler *(Cruciferae)*, stammen aus dem südlichen
Mittelmeergebiet und waren bereits vor der Zeit-
rechnung als Gewürzkräuter bekannt. Die
Samenkörner des Weißen Senfs sind gelblichweiß,
die des Schwarzen dunkelbraun und schärfer im
Geschmack. Die Blütezeit der 80–120 cm hohen
Kräuter fällt in den Juni/Juli, bald darauf sind auch
die Samen reif und können geerntet werden.

Kultur: Die anspruchslosen Pflanzen kommen
mit jedem normalen Gartenboden zurecht, gedeihen aber besonders gut, wenn er etwas kalkhaltig
und lehmig oder sandig ist. Ausgesät wird an
einen sonnigen, warmen Platz zwischen März
und Mai in Reihen mit 20-30 cm Abstand.
Wurde der Boden mit Kompost oder einem anderen organischen Dünger versorgt, sind keine weiteren Nährstoffgaben nötig.

Ernte: Junge Blätter kann man den ganzen Sommer über schneiden, die Schoten zur Gewinnung
der Samenkörner werden geerntet, wenn sie an
der Pflanze zu vertrocknen beginnen (je nach Kultur ab Juli oder August). Die Schoten müssen
zunächst auf einem Tuch oder Papier nachgetrocknet werden, bevor man die Körner heraus-
löst und sicherheitshalber noch einige Tage ausgebreitet liegen läßt. Erst wenn sie völlig trocken
sind, kommen sie in verschließbare Gläser.

Verwendung: Die jungen Blätter gibt man zu
Salaten, die Körner dienen vorwiegend als Einlegegewürz für Gurken, Rote Bete und Sauerkraut.
Außerdem können sie, in der Pfeffermühle
gemahlen, zum Würzen verwendet werden.

Winterportulak
Montia perfoliata

Das auch als Kubaspinat bekannte Portulakgewächs *(Portulacaceae)* stammt aus Nordamerika.
Es ist in Mitteleuropa schon seit längerem
bekannt, hat aber hierzulande im Gegensatz zu
Holland noch keine allzu große Verbreitung
gefunden. Dabei kann diese einjährige, aber win-

*Die Senfpflanze ist nicht nur ein beliebtes Gewürz,
sondern auch wichtig für die Gründüngung*

*Winterportulak ist in unseren Gärten noch wenig
verbreitet*

terharte Pflanze wegen ihrer Anspruchslosigkeit
und der Möglichkeit, auch während der kalten
Jahreszeit frisches Grün zu ernten, durchaus empfohlen werden. Das bis zu 20 cm hohe Kraut mit
fleischigen, in der Mitte schüsselförmig eingesun-
kenen Blättern zeigt je nach Aussaattermin im
Sommer oder Frühjahr weiße Blüten.

Kultur: Man sät breitwürfig oder in Reihen mit
15 cm Abstand im April oder im August/Septem-
ber direkt ins Freiland und deckt nur dünn mit
Erde ab. Spätsommersaaten können den ganzen
Winter über geerntet werden, besonders wenn sie
eine Abdeckung mit Schlitzfolie erhalten.

Ernte: Geschnitten werden die kleinen Blätter, die
wieder nachwachsen und auch bei Blühbeginn
genießbar sind. Eine Konservierung lohnt nicht,
da frisches Grün im Winter zur Verfügung steht.

Verwendung: Meist wird das Laub als Zugabe zu
Salaten verwendet. Man kann die Blätter aber
auch wie Spinat kochen.

ZWEIJÄHRIGE KRÄUTER

Kümmel
Carum carvi

Der Doldenblütler *(Umbelliferae)* kommt in ganz Europa und Asien wildwachsend vor und gehört zu den ältesten bekannten Würzpflanzen. Heute wird Kümmel als wichtige Nutzpflanze u.a. in Holland, Skandinavien, Rumänien, Ungarn, Spanien und Italien angebaut. Nach der Aussaat bildet das Gewächs nur eine Blattrosette, die im zweiten Jahr verzweigte, bis zu 1,20 m hohe Stengel mit gefiederten Blättern treibt. Die weißen oder rosa Blütendolden erscheinen von Mai bis Juli.

Kultur: Am besten sät man im März/April in Reihen mit 30 cm Abstand, deckt nur dünn mit Erde ab und vereinzelt die Sämlinge nach dem Aufgehen auf 20 cm. Spätere Aussaaten sind möglich, keimen jedoch häufig sehr unregelmäßig. Der Boden sollte nahrhaft, möglichst etwas kalkhaltig und nicht zu trocken, der Standort sonnig bis leicht beschattet sein.

Ernte: Im Juni/Juli des zweiten Jahres werden die Samen geerntet, sobald sie eine bräunliche Färbung annehmen. Um Verluste zu vermeiden, umhüllt man die Dolden mit luftdurchlässigem Papier, das unten zugebunden wird. So entsteht eine Art Auffangbehälter für die herabfallenden Samen. Vor der Aufbewahrung in verschließbaren Gläsern müssen sie völlig trocken sein, sonst beginnen die Körner zu schimmeln!

Verwendung: Als Würze ist Kümmel außerordentlich vielseitig. Man nimmt ihn zu Quark und Käse, zu Kartoffel- und Kohlgerichten, aber auch zu verschiedenen Brotaufstrichen und schweren Fleischgerichten, da er die Verdauung fördert.

Stengel und Blüten des Kümmels erscheinen erst im zweiten Jahr

Kümmelsamen werden geerntet, sobald die Fruchtstände sich braun verfärben

77

Das vitaminreiche Löffelkraut läßt sich gut zu frischen Salaten verwenden

Löffelkraut
Cochlearia officinalis

Ihren Namen leitet diese Pflanze von den an kleine Löffel erinnernde Blätter ab. Der Kreuzblütler *(Cruciferae)* kommt wild an den Küsten Nordeuropas vor und liebt etwas salzhaltigen Boden. Die zweijährig kultivierten Pflanzen werden 10–20 cm hoch, sind in unseren Gärten jedoch ähnlich wie der Winterportulak nur selten zu finden, obgleich es Samen im Fachhandel gibt.

Kultur: Löffelkraut gedeiht in jedem nicht zu trockenen Gartenboden, in den man es im März/April oder im Spätsommer in Reihen mit 20 cm Abstand aussät und später auf 10 cm vereinzelt.

Ernte: Man schneidet ganzjährig frische Blättchen, auch im Winter, da Löffelkraut frosthart ist. Eine Konservierung erübrigt sich deshalb.

Verwendung: Die Blättchen mit dem rettichähnlichen Geschmack passen zu Salaten, Gemüsesuppen oder Quark.

Mit seinen weißen, duftenden Blüten hat das Gewächs auch einen nicht geringen Zierwert

Glattblättrige Petersilie

Besonders geschätzt zum Garnieren von kalten Platten: die krausblättrige Petersilie

Petersilie
Petroselinum crispum ssp. crispum

Sie ist neben dem ausdauernden Schnittlauch das »klassische« Würzkraut des Gartens, stammt aus den östlichen Mittelmeergebieten, war Griechen und Römern bekannt und ist seit dem 16. Jahrhundert ständiger Gast in den Bauerngärten. Der Doldenblütler *(Umbelliferae)* treibt aus einer rübenähnlichen Wurzel im ersten Jahr 15–20 cm hohe Blattstengel, während die verzweigten, mit mehreren Blütendolden abschließenden Sprosse im zweiten Jahr bis zu 1,20 cm hoch werden können. Es gibt mehrere Sorten mit krausen oder glatten Blättern. Die krausblättrige Petersilie wird meist vorgezogen; ihr Aroma ist allerdings weniger intensiv als das der glattblättrigen.

Kultur: Obgleich als Würze eigentlich unverzichtbar, gibt es mit dem Anbau von Petersilie im Garten immer wieder Schwierigkeiten; das mag zum Teil daran liegen, daß die Pflanzen mit sich selbst unverträglich sind, also niemals in Folge auf demselben Platz erneut Petersilie ausgesät werden darf. Außerdem verträgt der Doldenblütler keinen frischen Dünger, das Beet ist also vor der Saat gut mit Kompost zu versorgen. Später kann man organisch nachdüngen. Für den Erntebeginn im Juni sät man ab März in Reihen mit 20 cm Abstand aus und vereinzelt später auf 10 cm. Geeignet sind halbschattige und sonnige Plätze, auf denen im Sommer für gleichmäßige, milde Feuchtigkeit gesorgt werden muß. Wer dennoch Mißerfolge zu verzeichnen hat, sollte es mit Spätaussaat im August probieren; dann kann unter günstigen Bedingungen bereits im Spätherbst, in jedem Fall aber im nächsten Frühjahr geerntet werden. Deckt man das Beet mit Reisig oder Folie ab, läßt sich das frische Grün den ganzen Winter über in die Küche holen. Sicherer ist es, einige Pflanzen vor Frostbeginn einzutopfen und im Frühbeet oder auf der Fensterbank weiterwachsen zu lassen.

Ernte: Sie beginnt, sobald die Pflänzchen kräftig genug sind, also bei Frühsaat etwa im Juni, und kann bis zur Blüte fortgesetzt werden, sofern man den Kräutern die Herzblätter und damit die Triebkraft beläßt. Üblicherweise wird durch Trocknen und Einfrieren konserviert, beide Methoden haben aber Aromaverlust zur Folge.

Verwendung: Das »Universalgewürz« Petersilie paßt zu den verschiedensten Speisen wie Suppen, Soßen, Eintöpfen, zu Salaten, Kartoffeln und anderem Gemüse. Das Kraut sollte niemals mitgekocht werden, da sich unter Hitzeeinwirkung die Vitamine verflüchtigen. Auf die Verwendung zum Garnieren kalter Platten sei ebenfalls hingewiesen.

AUSDAUERNDE KRÄUTER

Bärlauch, Wilder Knoblauch
Allium ursinum

Das auch als Wildgemüse verwendete Liliengewächs *(Liliaceae)* kommt in ganz Europa vor. Im lichten Schatten von Laubwäldern bildet es weitläufige Teppiche und macht auch durch seinen intensiven Geruch auf sich aufmerksam. Einen Platz im Garten fand der Bärlauch selten, er wurde von kräuterkundigen Feinschmeckern meist an Ort und Stelle gesammelt. Da es neuerdings Samen gibt, könnte sich das bald ändern. Die Zwiebelpflanze wird 20–50 cm hoch und blüht mit weißen Dolden im Mai/Juni.

Kultur: Breitwürfig ausgesät und etwa 1 cm mit Erde abgedeckt wird ab August bis Februar, da der Samen zum Keimen Frost benötigt (Kaltkeimer). Günstig ist ein schattiger Platz, z. B. unter größeren Gehölzen, wo sich die Pflanzen später selber aussäen und weiter ausbreiten können. Man kann aber auch einige der kleinen Zwiebeln abnehmen und an eine andere, vielleicht besser geeignete Stelle setzen.

Ernte: Gepflückt werden die frischen, jungen Blätter vor der Blüte. Beim Trocknen oder Einfrieren gehen ihre Inhaltsstoffe völlig verloren.

Verwendung: Die kleingehackten Blätter passen zu allen Speisen, die auch mit dem im Geschmack ähnlichen Knoblauch gewürzt werden. Quark und Brotaufstriche erhalten durch Bärlauch eine pikante Note. Man kann ihn aber auch direkt aufs Butterbrot streuen.

Der nach Knoblauch riechende Bärlauch bildet in feuchten Laubwäldern oft Massenbestände

Als Kulturpflanze ist Bärlauch nahezu unbekannt

Beifuß
Artemisia vulgaris

Auf Schutt- und Geröllhalden, an Wegrändern oder auf trockenen, mageren und sonnigen Wiesen kann man diesen bis zu 2 m hohen Korbblütler *(Compositae)* wildwachsend finden. Er ist auf der ganzen nördlichen Erdhalbkugel verbreitet. Im Garten stellt die buschige Pflanze mit den fiederlappig geteilten, unterseits weißlich behaarten Blättern und den unscheinbaren Blüten meist ein unerwünschtes Unkraut dar. Erhält es als Küchenwürze irgendwo seinen Platz, genügt ein Exemplar auch für eine Großfamilie, zumal die Blätter und Triebspitzen nur verhältnismäßig selten zu speziellen Speisen verwendet werden.

Kultur: Am besten kauft man sich eine einzelne Pflanze in der Staudengärtnerei mit Kräutersortiment und setzt sie an einen sonnigen Platz mit möglichst karger, etwas kalkhaltiger Erde. Beifuß braucht nicht gedüngt und gewässert zu werden; er wird auch mit den widrigsten Bedingungen fertig. Bei Aussaat im Mai darf der Samen als Lichtkeimer nur dünn mit Erde bedeckt werden.

Ernte: Die jungen Blättchen sind unbedingt vor der Blüte zu pflücken, danach bekommen sie einen intensiv bitteren Geschmack und sind wertlos. Als Trockenwürze werden die Blütenknospen verwendet. Man schneidet die Stengel vor dem Erblühen ab, entfernt die Blätter mit den Bitterstoffen und hängt die Sträuße gebündelt zum Trocknen auf.

Verwendung: Beifuß macht fetten Gänse-, Enten-, Hammel- und Schweinebraten bekömmlicher. In geringen Mengen kann er auch zu Kräutersuppen gegeben werden.

An der Spitze der meist rötlich angelaufenen Stengel sitzen kleine Blüten in Traubenform

Beifuß beansprucht im Garten viel Platz und muß in seinem Ausbreitungsdrang gebremst werden

Für den Sofortverbrauch in der Küche erntet man die Blätter vor der Blüte

Beinwell
Symphytum officinale

Die Staude, die in weiten Teilen Europas an Bach-
ufern und feuchten Gräben wild vorkommt, wird
50–100 cm hoch und hat vierkantige rauhhaa-
rige, im oberen Bereich verzweigte Stengel und
lanzettliche, ebenfalls behaarte, leicht herabhän-
gende Blätter. Die außen schwarzbraune und
innen weißlich gefärbte, bis 30 cm lange Wurzel
reicht tief in den Boden. Von Mai bis August
erscheinen die rötlichvioletten oder cremefarbe-
nen Blüten.

Kultur: Im Gegensatz zum Beifuß gedeiht der
Beinwell eher auf feuchtem, tiefgründigem Boden,
an den er aber sonst keine besonderen Ansprüche
stellt. Günstig ist ein Standort, der nicht in voller
Sonne liegt. Die Verdunstung sollte durch Abdek-
ken mit Mulch herabgesetzt werden. Jungpflanzen aus der Gärtnerei oder einzelne Wurzelstücke
kommen im Abstand von 30 x 40 cm etwa 5 cm
tief in den Boden. Gelegentliche Gaben eines
organischen Düngers sind bei sehr magerem Erdreich empfehlenswert, in der Regel aber wird sich
dieses Rauhblattgewächs *(Boraginaceae)* auch
ohne Pflege behaupten.

Ernte: Frische Blätter erntet man laufend nach
Bedarf vom Frühjahr bis zum Herbst. Ein Rückschnitt wird gut vertragen.

Verwendung: Die noch jungen, unbehaarten
Blätter können wie Spinat zubereitet oder grünen
Salaten zugegeben werden. In der Volksheilkunde
sind vor allem die Wurzeln von Bedeutung, die
man im Frühjahr oder Spätherbst ausgräbt, der
Länge nach aufschneidet und auf Fäden gezogen
trocknet.

*Beinwell: Würz- und Heilkraut, aber auch
Mulchmaterial und Zutat zu Pflanzenjauchen*

*Bergbohnenkraut, ein traditionelles Gewürz, das die
Verdaulichkeit von Hülsenfrüchten verbessert*

Die immer noch verkannte Brennessel ist reich an Vitamin A, C und Mineralien

Bergbohnenkraut
Satureja montana

Der Kaukasus, Jugoslawien und andere Mittelmeerländer sind die Heimat dieses bis 50 cm hohen Halbstrauchs mit schmalen, glänzendgrünen Blättchen und weißen bis rosavioletten, kleinen Blüten im Juni/Juli.

Kultur: Der Lippenblütler *(Labiatae)* ist ein Lichtkeimer, man darf die Samen bei der Aussaat im April/Mai also nur hauchdünn oder überhaupt nicht mit Erde bedecken. Ein nicht zu schwerer, durchlässiger Boden ist besonders günstig, nährstoffhaltige und feuchte Erde wird oft schlecht vertragen. Der Pflanzenabstand beträgt etwa 25 x 25 cm. Als Standort sollte ein sonniger und geschützter Platz gewählt werden, damit die würzigen Blättchen auch im Winter grün bleiben. Vorsichtshalber kann man die Pflanzen vor Eintritt strenger Fröste mit Koniferenreisig abdecken.

Ernte: Blätter und Triebstücke können ganzjährig geerntet werden, zum Trocknen wählt man am besten den Zeitpunkt kurz vor der Blüte, weil das Aroma dann am intensivsten ist. Sehr später Schnitt ist nicht zu empfehlen, da er den kleinen Strauch vor Frosteintritt zu viele Kräfte kostet. Man trocknet in Bündeln und bewahrt die Blättchen in verschlossenen Behältern auf.

Verwendung: Wie das einjährige Bohnenkraut paßt *Satureja montana* zu Bohnen und anderen Gemüsen, zu Eintöpfen und Fleisch.

Brennessel
Urtica dioica

Brennesseln sind auf der ganzen Erde – außer in tropischen und polaren Regionen – wildwachsend verbreitet. Während es sich bei der Großen Brennessel *(Urtica dioica)* um eine Staude handelt, ist die sehr ähnliche Kleine Brennessel *(Urtica urens)* einjährig. Beide gehören zur Familie der Brennesselgewächse *(Urticaceae)* und sind an Stengeln wie Blättern dicht mit Brennhaaren besetzt, die zu den bekannten Hautreizungen führen. Die Große Brennessel kann bis zu 1,50 m hoch und im Garten als Unkraut besonders lästig werden, da sie sich mit ihrem weitverzweigten Wurzelstock schnell ausbreitet. Im Biogarten werden die Inhaltsstoffe der Brennessel vielfältig genutzt, z. B. für Pflanzenbrühen, -jauchen und -tees, als Zusatz zum Kompost sowie als gehaltvolle Mulchdecke.

Kultur: Obgleich der Handel auch Samen der Großen Brennessel anbietet, dürfte es nicht schwierig sein, irgendwo einige Wurzelstücke auszugraben und in eine abgelegene Gartenecke zu pflanzen, die sonnig oder halbschattig sein kann. Nur bei sehr magerem, sandigem Boden sollte man die Stelle vorher mit reichlich Kompost versorgen, in der Regel ist das Nährstoffangebot im Erdreich jedoch ausreichend. Lediglich die wuchernde Ausbreitung der Staude muß eingedämmt werden, indem man die Wurzelausläufer immer wieder absticht und die Blüten entfernt.

Ernte: Im Frühjahr und Sommer kann man junge Blätter pflücken. Zum Trocknen schneidet man die ganzen Pflanzen den Sommer über ab und hängt sie büschelweise auf; das trockene Laub wird in verschlossenen Gläsern aufbewahrt.

Verwendung: Die jungen, frisch geernteten Blätter lassen sich wie Spinat zubereiten oder unter Rohkostsalate mischen. Aus den getrockneten Blättern werden Heiltees und Tinkturen aufgebrüht.

Brunnenkresse ist an Quellen sowie in Bächen und Wassergräben verbreitet

Jungpflanzen in »Naßkultur« im Anzuchtkasten. Das Wasser muß ständig 1 cm über der Erde stehen

Brunnenkresse
Nasturtium officinale

Der Kreuzblütler *(Cruciferae)* mit den bis zu 60 cm langen Trieben kommt auch bei uns wildwachsend in fließenden Gewässern vor, ist jedoch im Zuge der allgemeinen Wasserverschmutzung rückläufig. Die kleinen weißen Blüten erscheinen den ganzen Sommer über.

Kultur: Da es in unseren Gärten kaum fließendes Wasser gibt, behilft man sich auf andere Weise, um in den Genuß der würzigen, etwas an Senf erinnernden Blättchen zu kommen: Ein mit Folie ausgelegter Balkonkasten oder ein anderes wasserdichtes Gefäß wird ab Mitte Mai bis 2 cm unter den Rand mit Gartenerde gefüllt, der feine Samen darübergestreut und leicht angedrückt. Wichtig ist, daß das Substrat nun ständig gut feucht gehalten und das Gefäß schattig gestellt wird. Sobald die Jungpflanzen etwas gewachsen sind, bedeckt man sie 1 cm hoch mit Wasser und gibt etwa alle vier Wochen Flüssigdünger direkt ins Wasser.

Ernte: Die Triebspitzen und Blätter können den ganzen Sommer über geerntet werden, bei hellem, frostfreiem Stand sogar im Winter. Brunnenkresse läßt sich nur frisch verwenden.

Verwendung: Brunnenkresse schmeckt sehr gut als Salat, kann aber auch anderen Salaten oder Quark zugegeben werden.

Eberraute
Artemisia abrotanum

Der Halbstrauch, der bis zu 1 m hoch und sehr buschig wird, stammt aus Südosteuropa, Nordafrika und Vorderasien. Er wurde in den Kloster- und Bauerngärten des Mittelalters häufig kultiviert. Heute ist er als Kulturplanze nahezu unbekannt, obgleich der Korbblütler *(Compositae)* mit den intensiv nach Zitrone duftenden, feingefiederten Blättern und den zartgelben Blütenköpfchen durchaus auch Zierwert besitzt und in England sogar als niedrige Hecke Verwendung findet.

Kultur: Die Eberraute wünscht durchlässigen, humosen und leicht kalkhaltigen, eher trockenen Boden und einen geschützten, sonnigen Platz, in Gegenden mit rauhem Klima etwas Reisigschutz gegen Frost. Der Abstand zwischen den Pflanzen beträgt 40 x 40 cm. Im Frühjahr wird kräftig zurückgeschnitten, um den Halbstrauch in Form zu halten.

Ernte: Die jungen Triebspitzen können den ganzen Sommer über gepflückt und frisch verwendet oder getrocknet werden. Die Stengel mit dem filigranen Laub eignen sich übrigens auch als schmückendes Beiwerk für bunte Blumensträuße aus dem Garten.

Verwendung: Eberraute paßt zu gebratenem Fleisch, kräftigen Soßen und Salaten. Bei der Dosierung des intensiv würzigen Gewächses ist allerdings Zurückhaltung geboten.

Die zarten, duftenden Blättchen der Eberraute erinnern an Zitrone

Engelwurz
Angelica archangelica

In ganz Nordeuropa, Grönland und Nordasien kommt diese mächtige, bis zu 2,50 m hohe, weit ausladende Staude vor. Ihre großen grünlich- bis gelblichweißen Blütendolden erscheinen im Juli und August. Wegen der vielen Heilwirkungen, die man ihr nachsagte, u. a. auch gegen die Pest, stand der Doldenblütler *(Umbelliferae)* bei den Mönchen des Mittelalters in hohem Ansehen. Wo genügend Platz ist, kann man die imposante Pflanze gut sichtbar in Einzelstellung an einen halbschattigen Platz im Garten setzen – selbst wenn sie nicht zu Würzzwecken in der Küche verwendet werden soll.

Kultur: Sofern man nicht Jungpflanzen kauft, wird im Herbst wegen der langen Pfahlwurzel in tiefgründigen, nicht zu trockenen, aber auch nicht zu Staunässe neigenden Boden ausgesät. Der Samen muß frisch sein, braucht Frost zum Keimen und wird nur dünn mit Erde abgedeckt. Im folgenden Frühjahr pflanzt man dann mit 1 m Abstand. Da die Engelwurz nicht sehr langlebig ist, wird man alle 3–4 Jahre neu aussäen oder sich Jungpflanzen in einer Staudengärtnerei besorgen müssen.

Ernte: Frische Blätter erntet man etwa ab Mai, etwas später auch Stengelteile, beides für die Küche. Samen und Wurzeln für Heilzwecke sind erst im Herbst an der Reihe und werden nach dem Trocknen in gut verschließbaren Behältern aufbewahrt.

Verwendung: Aus Blättern und Stengelstücken bereitet man Gemüsegerichte, junge Blätter verfeinern außerdem Salate, Suppen und Soßen.

Die imposante Engelwurz zählt zu den wenigen Würzpflanzen, die aus dem Norden stammen

Estragon
Artemisia dracunculus

Der Kräutergärtner unterscheidet zwei Formen des Estragons. Der Deutsche, Französische oder Aromatische Estragon, der in unseren Breiten keine Samen ausbildet, kann nur als Jungpflanze gekauft oder aus Stecklingen bzw. Wurzelschnittlingen vermehrt werden. Er schmeckt, wie es einer seiner Namen bereits ausdrückt, aromatischer als der härtere, aus Samen vermehrbare Russische oder Sibirische Estragon. Der Korbblütler *(Compositae)* wird 0,60–1,50 m hoch, hat schmal-lanzettliche, ganzrandige Blätter und blüht unscheinbar gelbgrün ab Juni. Die Staude ist in Nordamerika, Sibirien, Süd- und Ostrußland beheimatet und gelangte von dort in die Mittelmeerländer und dann zu uns.

Kultur: Estragon verträgt Sonne wie Halbschatten und braucht einen guten, nicht zu trockenen, humusreichen, durchlässigen Boden an einem warmen, geschützten Platz. Man sät den Russischen Estragon im April ins Freiland in einen mit Kompost angereicherten Boden aus, deckt nur dünn mit Erde ab und vereinzelt später auf 50 x 50 cm. Der empfindlichere Deutsche Estragon sollte erst im Mai gepflanzt werden. Eine Reisigabdeckung im Winter empfiehlt sich. Beide Formen sind bei Trockenheit zu wässern und gelegentlich organisch zu düngen.

Ernte: Man schneidet die frischen Triebspitzen, die beim Russischen Estragon vor dem Öffnen der Blütenknospen am aromatischsten sind, während der Deutsche seine Würzkraft den ganzen Sommer über behält. Trocknen bringt Aromaverlust mit sich, besser ist einfrieren, eventuell zusammen mit anderen Kräutern.

Verwendung: Estragon eignet sich sehr gut zum Würzen von Suppen, Soßen und Salaten, aber auch zum Verfeinern bestimmter Fisch- und Geflügelgerichte. Er ist Bestandteil von Gewürzmischungen für eingelegte Gurken und für die Herstellung von Kräuteressig und -öl.

Junge Estragonblätter passen sehr gut zu Gerichten der französischen Küche

Wenn sich die kugelförmigen, gelben Blüten zeigen, ist es Zeit für die Haupternte

Die Körnerernte erfolgt nach dem Abblühen der Dolden, möglichst kurz vor der Reife

Frisches Fenchellaub kann laufend in kleinen Mengen geschnitten werden

Fenchel
Foeniculum vulgare var. dulce

Fenchel war den Ägyptern der Pharaonenreiche ebenso bekannt wie später den Griechen und Römern. Bei uns spielte er in den Klostergärten des Mittelalters eine wichtige Rolle als Heilpflanze. Der Doldenblütler *(Umbelliferae)* kann die imposante Höhe von 2 m erreichen, wurzelt tief, hat nach oben hin verzweigte Stengel und mehrfach gefiederte Blätter, die wie Plüschwedel aussehen. Die großen, gelben Blütendolden erscheinen im Juli und August, meist im zweiten Standjahr. Unter ungünstigen Verhältnissen hat sich die Pflanze dann erschöpft und stirbt ab, wächst in dem Fall also nur zweijährig. Als sowohl zierende wie auch in der Küche zu verwendende Züchtung kommt die Sorte 'Purpurea' mit besonders feingefiederten, bronzefarbenen Blättern in Betracht. Eine weitere Varietät stellt der Gemüsefenchel, *Foeniculum vulgare* var. *azoricum*, dar.

Kultur: Fenchel braucht nährstoffreichen, tiefgründigen, etwas kalkhaltigen, feuchten Boden und einen geschützten, sonnigen, warmen Platz. Man sät im März/April nur dünn mit Erde bedeckt auf ein extra Saatbeet in Reihen mit 25 cm Abstand aus und vereinzelt später auf 10 cm. Im Herbst wird das Kraut 10 cm über dem Boden abgeschnitten und das Beet mit Reisig bedeckt. Im folgenden Frühjahr erhalten die Stauden dann mit einem Abstand von 40 x 60 cm ihren endgültigen Platz. Reichlich Kompost oder organischer, nicht stickstoffbetonter Dünger fördert die Entwicklung der heranwachsenden Pflanzen.

Ernte: Für die Küche können bereits im ersten Jahr sparsam einige Blätter geschnitten werden. Die wichtige Samenernte erfolgt jedoch erst im Sommer oder Spätsommer des zweiten Standjahres. Da die Dolden nicht gleichmäßig ausreifen, erntet man nach und nach die sich bräunlich verfärbenden, klopft die Spaltfrüchte heraus und läßt sie auf einem Tuch oder Papier nachtrocknen. Die letzten Dolden werden mit den Stengeln abgeschnitten, zu Sträußen gebündelt und aufgehängt getrocknet, die Früchte später dann in Schraubgläsern aufbewahrt.

Verwendung: Frische Blätter passen zu Salaten, Soßen und Fischgerichten, mit den Körnern würzt man Marinaden, Suppen, Gemüse und gegrilltes Fleisch. Die halbreifen Früchte eignen sich zum Einlegen von Gurken und Sauergemüsen.

87

Das auch als Maßliebchen bekannte Gänseblümchen ist keines der üblichen Würzkräuter. Junge Blätter und Blüten können jedoch als Salatbeilage verwendet werden

Gänseblümchen
Bellis perennis

Der kleine Korbblütler *(Compositae)* ist nicht nur überall in Europa als Wildpflanze verbreitet, sondern kommt auch in unseren Gärten, insbesondere auf dem Zierrasen, als »Unkraut« vor, wo er dann oft in mühsamer Arbeit ausgestochen wird. Unter der Bezeichnung Tausendschön gibt es gefüllte Kultursorten, die vornehmlich als Frühjahrsblüher in Balkonkästen Verwendung finden und wie Zweijahrsblumen mit Aussaat im Sommer kultiviert werden. Die kleinen Rosettenstauden blühen das ganze Jahr hindurch, vom zeitigen Frühjahr bis zum Spätherbst und werden bis zu 20 cm hoch.

Kultur: Außer im Winter kann man zu jeder Jahreszeit in flache Rillen säen. Das Saatbeet ist feucht zu halten, die Sämlinge werden später auf ca. 10 cm Abstand ausgedünnt. Die zierlichen Gewächse eignen sich recht gut zur Einfassung von Kräuterbeeten oder können im Vordergrund einer Wildblumenrabatte stehen. Allerdings muß man wegen ihrer Selbstaussaat etwas aufpassen, daß sie sich nicht zu sehr ausbreiten.

Ernte: Im Frühling pflückt man die zarten Blättchen und Blüten, später zum Trocknen für Tees die ganze Pflanze.

Verwendung: Die frischen, kleingeschnittenen Blüten und Blätter können Salaten beigegeben oder unter Quark gemischt werden. Blütenknospen eignen sich als Kapernersatz, wenn man sie noch hart in Estragonessig legt. Eine gesunde Mischung setzt sich aus Löwenzahn, Brennesseln und Gänseblümchen zusammen. Sie wird je nach Geschmack mit einer milden oder pikanten Soße angerichtet.

Knoblauch
Allium sativum

Auffallend an der schmucklosen Knoblauchpflanze ist der kugelförmige Blütenstand

Getrocknete Knoblauchzwiebeln

Wahrscheinlich aus Asien stammend, ist Knoblauch als Heil- wie Nutzpflanze seit undenklichen Zeiten bekannt und geschätzt – in Japan und China ebenso wie im alten Ägypten, in Griechenland und im römischen Imperium. Karl der Große empfahl den Anbau in seinem berühmten »Capitulare de villis«, in dem alle kulturwürdigen Pflanzen der damaligen Zeit verzeichnet waren. Bis zum heutigen Tag werden die Wirkstoffe des Liliengewächses *(Liliaceae)* von der pharmazeutischen Industrie genutzt. Die Pflanze mit den heilkräftigen und intensiv aromatischen Zehen (Nebenzwiebeln) wird mit dem Blütenstengel bis zu 1 m hoch, die Blätter sind breit-lanzettlich, meist etwas überhängend und bis zu 25 cm lang, der kugelige Blütenstand erscheint im Juli/August.
Kultur: Obgleich eine Staude, baut man Knoblauch im Garten ein- oder zweijährig an. Werden die Zehen im März/April im Abstand von 20 x 20 cm an einem sonnigen Platz 5 cm tief in durchlässigen, humosen Boden gesteckt, kann man im Spätsommer ernten. Bei einer späten Pflanzung im Oktober, die nur in Gegenden mit milden Wintern zu Erfolgen führt, sind die Zehen im darauffolgenden Frühjahr ausgereift. Eine gute Kompostversorgung des Bodens ist wichtig, da stickstoffreiche Mineraldünger die Lagerfähigkeit der Zehen beeinträchtigen. Zu gießen ist lediglich während langer Trockenperioden.
Ernte: Die Gelbfärbung des Laubs ist ein Zeichen für die Reife des Knoblauchs. Man hebt die ganze Pflanze vorsichtig mit der Grabegabel aus dem Boden, säubert die Zwiebeln und läßt sie mitsamt den Blättern einige Tage an der frischen Luft liegen. Danach wird das Erntegut locker gebündelt und an einem trockenen, luftigen, frostsicheren Platz aufgehängt.
Verwendung: Wer Knoblauch mag, wird ihn den verschiedensten Speisen beigeben, weniger Begeisterte rümpfen bereits die Nase, wenn mit einer Zehe lediglich die Salatschüssel ausgerieben wird. Traditionell paßt das kräftige Gewürz zu (deftigen) Fleisch- und Eintopfgerichten sowie zu vielen Suppen und Soßen.

Lavendel
Lavandula angustifolia

Das westliche Mittelmeer und Südfrankreich sind die Heimat dieses Halbstrauchs mit etwa 20 Arten und, vor allem in England, einer Reihe von Sorten. Bereits die Römer nutzten den Lippenblütler *(Labiatae)* als Duft- und Aromapflanze, mit Benediktinermönchen kam er dann über die Alpen in die Kloster- und Bauerngärten. Die Pflanze hat verzweigte Äste und nadelschmale, silber- bis grünlichgraue, behaarte Blätter; die duftenden, blauvioletten, in Scheinquirlen angeordneten Blüten öffnen sich in der Zeit von Juli bis September.

Kultur: Wegen der weit in den Boden reichenden Pfahlwurzel sollte das Erdreich locker, tiefgründig und gemäß der mediterranen Herkunft der Pflanze trocken und mager, möglichst auch etwas kalkhaltig sein. Je sonniger der Standort, desto besser entwickelt sich Lavendel und desto reicher blüht er. Am einfachsten ist die Kultur, wenn man sich Jungpflanzen kauft und sie ab Mitte Mai im Abstand von 40 x 40 cm setzt. Die Anzucht aus Samen beginnt im März/April auf der warmen Fensterbank oder in einem Mini-Treibhaus, im Mai kann man dann in den Garten pflanzen. In Gegenden mit kalten Wintern empfiehlt sich ein Frostschutz aus Koniferenreisig. Ein leichter Rückschnitt nach der Blüte ist möglich, aber nicht unbedingt notwendig.

Ernte: Die zarten Triebspitzen werden das ganze Sommerhalbjahr über gepflückt; zum Trocknen schneidet man die Stengel am besten kurz vor der Blüte und hängt sie gebündelt auf.

Verwendung: Stets sparsam für Fisch- und Fleischgerichte, Eintöpfe, Suppen und Soßen.

Lavendelblüten verströmen einen angenehmen Duft

Der stark verzweigte Lavendel kann zu stattlichen Büschen heranwachsen

Kraut mit starker Würzkraft: der Liebstöckel

Blühender Liebstöckel

Liebstöckel
Levisticum officinale

Persien und Südeuropa sind die vermutete Heimat des Liebstöckels, der in der Antike so bekannt war wie seit dem Mittelalter im Europa nördlich der Alpen, wo er in Kloster- und Bauerngärten vor allem wegen seiner die Verdauung fördernden Wirkung angebaut wurde. Der dekorative Doldenblütler *(Umbelliferae)* kann bis zu 2 m hoch werden, besitzt aufrechte, erst im oberen Bereich verzweigte Stengel und mehrfach geteilte Blätter. Die gelblichweißen Blütendolden erscheinen von Juli bis August.

Kultur: Da man nicht mehr als eines der großen Kräuter benötigt, ist es am einfachsten, sich Jungpflanzen aus der Gärtnerei oder ein Wurzelstück vom Nachbarn zu besorgen. Bei eigener Aussaat sollte das Saatgut frisch sein, damit die Keimfähigkeit gewährleistet ist. Man sät gut mit Erde abgedeckt im Frühjahr oder Spätsommer in tiefgründigen, nährstoffreichen bzw. mit Kompost oder organischem Dünger angereicherten Boden an einen sonnigen bis halbschattigen Platz. Später erhalten die Pflanzen ringsum 60 cm Abstand. Besondere Pflegemaßnahmen sind bei der robusten Staude nicht erforderlich. Liebstöckel kann gut 10 Jahre am selben Platz stehen bleiben.

Ernte: Bei im Frühjahr gesetzten Jungpflanzen kann man die würzigen Blätter schon im ersten Jahr ernten, andernfalls läßt man den Liebstöckel zunächst heranwachsen und pflückt ab dem zweiten Standjahr während der ganzen Vegetationsperiode. Werden die Blätter getrocknet, geht viel Aroma verloren. Zum Aufbewahren eignen sich daher Wurzelstücke besser, die im zeitigen Frühjahr oder im Herbst ausgegraben, gesäubert, zerteilt und an der Luft oder im geöffneten Backofen getrocknet und dann in fest verschließbare Gefäße getan werden.

Verwendung: Liebstöckel gibt vor allem Gemüsesuppen und Eintöpfen eine kräftige Würze, wird aber auch zu Soßen und Fleischgerichten genommen; die Blätter und Wurzelstücke können mitgekocht, sollten aber wegen des intensiven Aromas nur in sehr kleinen Mengen verwendet werden.

Löwenzahn
Taxacum officinale

Die »Pusteblume« der Kinder ist im gesamten nördlichen Europa verbreitet, kommt aber auch im gemäßigten Asien und in Nordamerika vor. Wie das Gänseblümchen taucht sie als ungeliebter Gast auch in den Gärten auf und wird hier vor allem auf dem Rasen bald lästig, da sie sich durch Samenflug vehement ausbreiten kann. Mit der Wiederentdeckung der natürlichen Ernährungsweise, bei der frisches Gemüse und Kräuter eine herausragende Rolle spielen, hat man sich auch des Löwenzahns erinnert. In der französischen Küche gilt der Korbblütler *(Compositae)* seit langem als Delikatesse. Bei uns wird er jetzt auch als Samen für die Kultur im Garten angeboten. Die Pflanze mit der langen Pfahlwurzel, dem weißen Milchsaft in den hohlen Stengeln und den langgestreckten, gezähnten Blättern wird bis zu 30 cm hoch und blüht gelb von Frühjahr bis Herbst.

Kultur: Löwenzahn ist äußerst anspruchslos, nimmt mit jedem Boden vorlieb und gedeiht in Sonne wie Halbschatten. Man sät im März/April in Reihen mit 60 cm Abstand, dünnt etwas aus und achtet darauf, daß sich keine Samenstände entwickeln.

Ernte: Zur Verwendung in der Küche sind nur die zarten Blätter des Frühjahrs geeignet, die vor der Blüte geschnitten werden. Später machen sich die in der Pflanze enthaltenen Bitterstoffe unangenehm bemerkbar.

Verwendung: Aus den zarten Blättchen lassen sich gesunde, vitaminreiche Salate anrichten, man kann aber auch andere Salate und Gemüsesuppen damit verfeinern. Die im Keller während des Winters gebleichten Sprosse von im Herbst ausgegrabenen Pflanzen können wie Chicorée verwendet werden.

Wildkraut mit vielen heilkräftigen Wirkstoffen: der Löwenzahn

Magischer Anziehungspunkt für Insekten: die goldgelbe Blüte

Meerrettichwurzeln werden im Keller in feuchtem Sand eingelagert

Die stark wuchernde Meerrettichstaude gehört an einen separaten Platz im Garten

Meerrettich
Armoracia rusticana

Westasien und Südrußland werden als die Heimat des Meerrettichs angenommen, heute ist er in ganz Europa und in Nordamerika verbreitet. Als Kulturpflanze wird er von Hildegard von Bingen im 12. Jahrhundert genannt. Über die Bedeutung des Namens gehen die Meinungen auseinander. Einige Autoren leiten ihn vom Althochdeutschen mehr Ratik her, was nichts weiter heißt als mehr oder größerer Rettich. Andere nennen Pferde (=Mähre)-Rettich als Wortursprung. Die in Bayern und Österreich gebräuchliche Bezeichnung Kren dagegen kommt aus dem Slawischen. Der Kreuzblütler *(Cruciferae)*, der bei uns wild an Bachläufen, auf Feuchtwiesen und Brachland vorkommt, erreicht eine Höhe von 60–80 cm. Die Blätter werden bis zu 1 m lang, die ab dem zweiten Jahr erscheinenden, lockeren, weißen Blütentrauben sitzen an bis zu 1,20 m hohen Stielen. Auffällig und als Würze begehrt ist die stangenförmige Wurzel.

Kultur: Direkt in den Kräuter- und Gemüsegarten sollte man Meerrettich nicht setzen; er hätte schon bald alle benachbarten Gewächse unterdrückt. Da aber sowohl Halbschatten als auch Schatten vertragen werden, dürfte es keine Schwierigkeiten bereiten, einen etwas abgelegenen Platz zu finden, an dem sich die Pflanze auch ausbreiten kann. Der Boden sollte tiefgründig und nahrhaft sein; daher ist die vorgesehene Stelle bereits im Herbst umzugraben und mit Kompost und organischem Dünger zu versorgen. Im März kann man dann die als Fechser bezeichneten Nebenwurzeln im Abstand von 40 x 80 cm pflanzen. Dazu werden sie schräg in die Erde gesteckt und oben nur dünn abgedeckt. Auf gleichmäßige Bodenfeuchte ist zu achten. Etwa im Juni gräbt man vorsichtig auf und entfernt die inzwischen entstandenen Seitenwurzeln, damit sich später möglichst glatte »Pfähle« ernten lassen. Im Hausgarten ist diese professionelle Anbaumethode, die sich an Massenerträgen orientiert, überflüssig. Man bringt einfach einige Fechser in die Erde und holt sich den Sommer über soviele Wurzelstücke, wie man gerade für den Sofortverbrauch benötigt.

Ernte: Ab September hebt man die Pflanzen aus dem Boden, schneidet die Hauptwurzel ab und lagert sie im kühlen Keller in leicht feuchtem Sand.

Verwendung: Geputzt und feingeraspelt reicht man Meerrettich zu verschiedenen Fisch- und Fleischspeisen, z. B. Rindfleisch mit Meerrettichsoße. Man kann ihn auch als scharfen Dip mit Mayonnaise oder – erheblich milder – mit Schlagsahne zubereiten. Frisch geriebener und zu gleichen Teilen mit Honig vermischter Meerrettich ist ein uraltes Hustenrezept.

93

Oregano
Origanum vulgare

Asien, Kleinasien und Südeuropa sind die Ursprungsregionen des Staudenmajorans oder Dosts. Er ist bis nach Nordamerika gelangt und kommt heute in weiten Teilen Europas an sonnigen, warmen Plätzen auch wild vor. Der Lippenblütler *(Labiatae)* mit den rötlichen, oben verzweigten Stengeln und den zugespitzt eiförmigen, meist feinbehaarten Blättern wird 30–60 cm hoch. Die hellvioletten Blüten erscheinen in Scheindolden von Juli bis September.

Kultur: Oregano braucht einen möglichst warmen, sonnigen, gegen Wind geschützten Platz und mageren, durchlässigen, kalkhaltigen Boden – Voraussetzungen also, die diese Pflanze auch für Steingärten prädestinieren, wo man sie etwas in den Hintergrund setzen kann. Ausgesät wird im April/Mai in Reihen mit 25 cm Abstand, später wird auf ebenfalls 25 cm verzogen. Außer in Weinbaugebieten empfiehlt sich Winterschutz durch eine Reisigabdeckung. Im Frühjahr wird bis dicht über den Boden zurückgeschnitten.

Ernte: Blättchen und Triebspitzen für den Sofortverbrauch lassen sich fortlaufend pflücken, sobald die Pflanze nach dem Austrieb im Frühjahr genügend entwickelt ist. Zum Trocknen schneidet man am besten die ganzen Stengel während der Blüte etwa 10 cm über dem Boden ab, bündelt sie zu Sträußen und trocknet sie an der frischen Luft.

Verwendung: Spaghetti mit Tomatensoße und Pizza sind ohne Oregano nicht denkbar. Er paßt außerdem zu Käseaufläufen, Tomaten- und Nudelgerichten, Bratkartoffeln, Suppen und verschiedenen Fleischspeisen. Oregano kann mitgekocht oder mitgebraten werden.

In der Blütezeit sind Aroma und Würzkraft der Oreganoblätter am größten

Pfefferminze breitet sich rasch aus und kann alle anderen Nachbarn verdrängen

Sorte mit gelb-grünem Blattwerk: Mentha rotundifolia 'Variegata'

Blühende Krauseminze (Mentha spicata var. crispa)

Pfefferminze
Mentha x piperita

Vermutet wird die Urheimat der Minze in Asien. Von dort breitete sie sich aber schon sehr früh ins Mittelmeergebiet aus und fand dann auch den Weg in unsere Kloster- und Apothekergärten. Die Echte Pfefferminze *(Mentha x piperita)* tauchte im 17. Jahrhundert erstmals in England auf, wahrscheinlich als ein Zufallsbastard aus zwei anderen Arten. Kennzeichen des ausdauernden Lippenblütlers *(Labiatae)* ist das flach verlaufende, sich vehement ausbreitende Wurzelwerk. Die kantigen, rötlich überlaufenen Stengel mit den sattgrünen, länglich bis breit-eiförmigen, gezähnten Blättern werden 40–80 cm hoch. Im Juli/August blüht die kräftig duftende Pflanze mit unauffälligen, violetten Scheinähren. Neben der Echten Pfefferminze gibt es noch einige Arten und Sorten, die ebenfalls einen Versuch lohnen und teilweise im Spezialhandel angeboten werden: Apfelminze *(Mentha rotundifolia)*; Ananasminze *(Mentha rotundifolia* 'Bowles'*)* mit der buntblättrigen Form 'Variegata'; Zitronenminze *(Mentha citrata)*; Poleiminze *(Mentha pulegium)*; Krauseminze *(Mentha spicata* var. *crispa)*; Grüne Roßminze oder Spearminze *(Mentha spicata* var. *spicata)*.

Kultur: Während man die Echte Pfefferminze früher nur durch Wurzelausläufer vermehren konnte, gibt es heute Samen im Fachhandel zu kaufen. Eigene Samengewinnung ist dagegen nicht möglich, da die Pflanzen im Garten steril sind. Flach ausgesät wird ab April in Reihen, später vereinzelt man die Sämlinge auf gut 30 x 30 cm. Bei Vermehrung durch Ausläufer legt man die etwa 10 cm langen Wurzelableger im Frühjahr ebenfalls mit 30 cm Abstand flach in den Boden, der humos, durchlässig und feucht sein sollte. Vorheriges Einarbeiten von reichlich Kompost ist bei schwerem Erdreich günstig, der Platz kann sonnig wie auch beschattet sein. Wo der Ausbreitungsdrang unerwünscht ist, muß für eine Bodenbarriere – beispielsweise mit Dachpappe – gesorgt werden, die man rings um die Pflanzstelle etwa 30 cm tief in die Erde einläßt.

Ernte: Frische Blätter und Triebspitzen können den ganzen Sommer über gepflückt werden. Zum Abernten ganzer Pflanzen wählt man den Zeitpunkt kurz vor der Blüte im Juli, weil die Blätter dann den höchsten Aromagehalt besitzen. Die Stengel werden dicht über dem Boden abgeschnitten und in Sträußen aufgehängt. Die trockenen Blätter streift man ab und lagert sie in luftdicht verschlossenen Behältern. In warmen Sommern treibt die Pfefferminze erneut aus.

Verwendung: Die frischen Blätter passen, je nach Geschmack, zu Rohkost, Fleisch, vor allem Lammbraten, außerdem zu Fischgerichten, Suppen und Soßen. Der aromatische Tee kann sowohl aus frischen als auch aus getrockneten Blättern zubereitet werden.

Pimpinelle
Sanguisorba minor

Der Kleine Wiesenknopf – wie die Pimpinelle auch heißt – kommt heute in Mitteleuropa auf trockenen Wiesen und an sonnigen Feldrainen wildwachsend vor. Er stammt wahrscheinlich aus dem mediterranen Bereich, war bei uns aber schon im Mittelalter ein geschätztes Heilkraut. Die Staude, die zu den Rosengewächsen (Rosaceae) gehört, wird 30–60 cm hoch, hat hellgrüne, am Rand gezähnte, eiförmige Blätter und treibt ihre rötlichgrünen Blütenköpfchen im Mai/Juni.

Kultur: Wenn man sich nicht auf dem Wochenmarkt oder in einer Gärtnerei Jungpflanzen besorgt, wird im März oder April in Reihen mit 20 cm Abstand ausgesät und später auf 30 cm vereinzelt. Verpflanzen gelingt wegen der langen Wurzeln meist nicht. An einem sonnigen, geschützten Platz und in magerem, trockenem, kalkhaltigem Boden gedeihen die Pflanzen problemlos. Sie halten allerdings meist nur zwei oder drei Jahre, dann muß neu gesät werden.

Ernte: Man pflückt bei Bedarf die frischen, jungen Blätter. Eine Konservierung durch Trocknen ist wegen des Aromaverlusts nicht zu empfehlen, tiefgefroren läßt sich die Pimpinelle jedoch gut aufbewahren.

Verwendung: Die Würzkraft entwickelt sich in Essig oder Zitronensaft am besten. Daher sind die Blätter zur Verfeinerung von Salaten besonders geeignet. Pimpinelle wird außerdem zum Würzen von Fischgerichten sowie von Eier- und Quarkspeisen verwendet.

Obwohl vielseitig verwendbar, ist die Pimpinelle hierzulande wenig verbreitet

Blütenkopf der Pimpinelle

Rosmarin
Rosmarinus officinale

Der immergrüne Strauch ist heute noch im Mittelmeergebiet allgemein verbreitet. An sonnigen, warmen Gebirgshängen kann er bis zu 2 m Höhe erreichen. Im alten Ägypten und Judäa war die intensiv aromatische Heilpflanze ebenso bekannt und geschätzt wie bei den Griechen und Römern. Früh schon kam der Lippenblütler *(Labiatae)* dann mit den Benediktinern über die Alpen nach Mitteleuropa, wo er in Kloster- und später in Bauerngärten eine wichtige Rolle spielte. In unserem Klima wird das oft nicht winterharte Gehölz kaum größer als 1,50 m. Die nadelschmalen, harten Blätter sind oberseits grün, unterseits graufilzig behaart, die blaßblauen bis violetten, selten weißen Blüten erscheinen im Mai und Juni.

Kultur: Rosmarin sollte bei uns nur als Kübelpflanze kultiviert werden, d. h. er muß ab Frosteinbruch an einem möglichst hellen, kühlen Platz im Haus stehen. Überwinterung im Freiland ist nur in sehr warmen Gegenden und selbst dort nur mit gutem Winterschutz empfehlenswert. Im Garten braucht der Strauch einen sonnigen, warmen und geschützten Platz (am besten an einer Südwand), das Topfsubstrat sollte locker und durchlässig sein, stauende Nässe wird nicht vertragen. Von Zeit zu Zeit wird flüssig gedüngt, jedoch nur bis Ende Juli, damit die verholzten Triebe ausreifen können. Obgleich Aussaat möglich ist, sollte man sich besser in einer Gärtnerei oder im Gartencenter eine Jungpflanze kaufen; der Samen keimt nur langsam, und es vergeht viel Zeit, bis man ernten kann. Zur Bestandsergänzung lassen sich im Sommer von ausgewachsenen Exemplaren Kopfstecklinge nehmen, die man in einem Torf-Sand-Gemisch bewurzeln läßt.

Ernte: Die Blättchen und jungen Triebspitzen können während der gesamten Vegetationsperiode gepflückt werden, wobei man allerdings Maß halten muß, damit die Pflanze nicht leidet. Zum Trocknen breitet man einzelne Triebe an einem luftigen Platz aus und rebelt die Blätter, die ihr kräftiges Aroma behalten, ab.

Verwendung: Rosmarin ist fester Bestandteil der italienischen und spanischen Küche. Er paßt zu fast allen Fleischarten, schmeckt aber auch zu grünen Bohnen, Kartoffeln zu Soßen. Das starkwürzige Kraut kann mitgegart werden.

Rosmarin ist nicht winterhart und sollte deshalb nur als Topfpflanze gehalten werden

Die zartvioletten Blüten zeigen sich nur an sehr sonnigen Standorten

Salbei
Salvia officinalis

Der Halbstrauch mit einigen verwandten, auch buntblättrigen Formen ist in ganz Südeuropa und auf dem Balkan zu Hause. Schon zur Zeit Karls des Großen war er nördlich der Alpen als Heilpflanze hochgeschätzt. Der Lippenblütler *(Labiatae)* wird 30–70 cm hoch, hat lanzettliche, am Rand feingekerbte, filzig-graugrüne, gestielte Blätter und blauviolette Blüten von Juni bis August.

Kultur: Man sät entweder bereits im März ins Frühbeet oder ab Mai direkt ins Freiland und vereinzelt später auf 30 x 40 cm. Der Standort sollte sonnig, warm und geschützt, der Boden ziemlich trocken, durchlässig und kalkhaltig sein. Gelegentliche organische Düngergaben bis Ende Juli wirken sich günstig aus. Vor allem in klimatisch rauhen Regionen empfiehlt sich eine leichte Frostschutzdecke aus Fichtenreisig und Torf. Im Frühjahr wird kräftig zurückgeschnitten, um den Neuaustrieb zu fördern.

Ernte: Zum Sofortverbrauch erntet man laufend die jungen, zarten Blätter. Salbei läßt sich auch ohne wesentlichen Aromaverlust trocknen; man schneidet kurz vor der Blüte ganze Triebspitzen ab und breitet sie auf einem Tuch luftig aus. Auch hier gilt es, Rücksicht auf die Pflanzen zu nehmen und nicht zuviel zu ernten.

Verwendung: Suppen und Soßen sowie Fleisch- und Pilzgerichte lassen sich durch Salbei verfeinern. Auch zu Wild und Geflügel paßt dieses aromatische Gewürz, das nur sehr sparsam verwendet werden darf.

Wegen seiner schönen Blüten wird Salbei oft auch im Zierbereich des Gartens kultiviert

Die schmalen, graugrünen Blätter duften angenehm würzig

Fein geschnitten eignet sich Sauerampfer als Gewürz zu Salaten, Kräutersoßen und Kräutersuppen

Sauerampfer
Rumex acetosa

Die robuste Staude war bereits in der Antike und später bei uns im Mittelalter als Heil- und Küchenkraut geschätzt. Sie wächst wild auf Viehweiden, Feuchtwiesen und Brachflächen. Im Garten wird häufig die Kulturform *Rumex acetosa* var. *hortensis* angebaut. Das Knöterichgewächs *(Polygonaceae)* erreicht bis zu 1 m Höhe, hat pfeilförmige, glattrandige Blätter und unscheinbare, braunrote Blüten von Mai bis August.

Kultur: Auf feuchtem, tiefgründigem Boden wird an einem sonnigen oder beschatteten Platz ab März flach in 30 cm voneinander entfernte Reihen ausgesät und später auf 20 cm vereinzelt; auch eine Spätsaat im August für die Ernte im darauffolgenden Jahr ist möglich. Die Blütenstände sind zu entfernen, damit die ganze Kraft den begehrten Blättern zugute kommt. Organische Düngung im Frühjahr ist empfehlenswert, regelmäßiges Gießen in Trockenperioden notwendig.

Ernte: Junge Blätter kann man nach Bedarf pflücken, ältere schmecken bitter; zu beachten ist, daß das Herz nicht verletzt wird, damit die Pflanze erhalten bleibt.

Verwendung: Sauerampfer kann wie Spinat zubereitet oder unter Salate gemischt werden. Er ist Bestandteil der Kräutermischung für die »grüne Soße« und verleiht Suppen einen herbsäuerlichen Geschmack.

An hohen Stengeln erscheinen von Mai bis August die rötlich-braunen Blütenrispen

Altbewährte Heilpflanze und hübsche Schnittblume: die Schafgarbe

Schafgarbe
Achillea millefolium

Der Korbblütler *(Compositae)* wächst wild an trockenen Feld- und Wegrändern sowie auf Geröllhalden und Wiesen. Er ist in ganz Europa, in Sibirien und Westasien, aber auch in Nordamerika und Australien verbreitet. Bekannt sind vor allem die Zuchtformen, die als Zierstauden Blumenrabatten schmücken. Die wilde Schafgarbe wird 30–50 cm hoch, bildet zunächst eine niedrige Laubrosette und später zwei- bis dreifach fiederschnittige, behaarte Blätter. Die endständigen Scheindolden mit weißen, rosa oder rötlichen Blüten erscheinen von Juni bis Oktober.

Kultur: Ausgesät wird im April/Mai am besten auf ein Extrasaatbeet, wobei man den feinen Samen nicht mit Erde bedeckt, sondern nur andrückt und leicht mit Wasser überbraust. Später wird auf 30 x 30 cm an den endgültigen, möglichst sonnigen Standort verpflanzt. An den Boden stellt die Schafgarbe keine besonderen Ansprüche, nur sehr feucht und schwer sollte er nicht sein.

Ernte: Zum Sofortverbrauch in der Küche verwendet man nur die frischen Frühjahrsblättchen. Für die Teezubereitung wird das ganze Kraut während der Blütezeit dicht über dem Boden abgeschnitten und gebündelt zum Trocknen aufgehängt. Die holzigen Stengel bleiben stehen.

Verwendung: Die Blättchen passen zu Suppen, Eintöpfen und Salaten. Sie werden nicht mitgekocht, sondern über die angerichtete Speise gestreut. Sparsam dosiert schmeckt die Schafgarbe auch zu Quark. Der Tee hilft vor allem bei leichten Magen- und Darmbeschwerden.

'Ketway', eine kräftig rosablühende Züchtung

Schnittlauch
Allium schoenoprasum

Schnittlauch kommt überall in Europa wild auf feuchten Standorten vor. Er war bereits im Altertum bekannt; auch in den Pflanzenempfehlungen Karls des Großen wird dieses Liliengewächs *(Liliaceae)* erwähnt. Das Würzkraut mit den röhrenförmigen, grünen Blättern und den rötlichen bis lilafarbenen Blütenköpfchen erreicht bis zu 35 cm Höhe.

Kultur: Sonnige wie halbschattige Lagen und feuchter, nährstoffreicher, kalkhaltiger Boden sagen der Pflanze am meisten zu. Ausgesät wird direkt ins Freiland im April oder im August für die nächstjährige Ernte. Bei Reihensaat werden später mehrere Pflänzchen zu Horsten mit 20 x 20 cm Abstand zusammengesetzt. Das Beet ist stets ausreichend zu wässern. Für den Winterbedarf können einige Stöcke aus dem Boden genommen und, nachdem sie etwas Frost abbekommen haben, im Topf an ein helles Fenster gestellt werden.

Ernte: Man schneidet laufend die würzigen Röhrenblätter für den Hausgebrauch. Trocknen ist nicht möglich, wohl aber einfrieren.

Verwendung: Mit seinem milden Zwiebelgeschmack würzt der Schnittlauch Salate, Eierspeisen, Quark und Frischkäse sowie Suppen, Soßen und Kartoffelgerichte.

Der zwiebelig-scharfe Schnittlauch ist eines der beliebtesten Küchenkräuter

Die rosafarbenen Blütenköpfchen sitzen an den Spitzen der röhrenförmigen Blätter

101

Thymian
Thymus vulgaris

Der Echte oder Gartenthymian war ursprünglich nur in den südeuropäischen Ländern zu Hause, wohingegen der Feldthymian oder Quendel *(Thymus serpyllum)* seit jeher in ganz Europa wild wächst. Der stark verästelte Halbstrauch wird 20–40 cm hoch, die kleinen bis 1,5 cm langen Blätter sind auf der Unterseite behaart. Von Juni bis September zeigen sich die eher unauffälligen, weißen oder rötlichen Blüten. Der stark duftende Lippenblütler *(Labiatae)* war bereits in der Antike bekannt und geschätzt und kam wahrscheinlich wie so viele mediterrane Gewächse mit den Benediktinern schon sehr früh zu uns.

Kultur: Thymian zieht man aus Samen, oder man kauft Jungpflanzen in der Gärtnerei. Der Lichtkeimer wird ab April flach ins Freiland gesät, falls man nicht eine warme Vorkultur ab März bevorzugt. Der endgültige Abstand an einem warmen, sonnigen, geschützten Gartenplatz und auf durchlässigem, magerem Boden sollte 20 x 30 cm betragen. Als Standort kommt übrigens auch der Steingarten in Frage, in dem für diesen genügsamen Gast meist ideale Bedingungen herrschen. Vermehrung ist durch Stecklinge oder Teilen älterer Pflanzen möglich. Im Frühjahr empfiehlt sich ein kräftiger Rückschnitt, um die Triebbildung zu fördern. In rauhen Gegenden sollte Winterschutz mit Fichtenreisig gegeben werden.

Ernte: Junge Blätter und Triebspitzen lassen sich vom Frühjahr bis in den Herbst schneiden. Zum Trocknen erntet man ganze Stengel kurz vor der Blüte und hängt sie gebündelt auf. Die gedörrten Blättchen werden abgestreift und in gut verschlossenen Gefäßen aufbewahrt.

Verwendung: Thymian »entschärft« fette und schwerverdauliche Speisen. Er paßt zu Wild, Braten, Geflügel, Suppen, Soßen, Kartoffelgerichten und Pizza. Wegen des intensiven Aromas ist er nur sparsam zu verwenden.

Der immergrüne Gartenthymian braucht im Winter einen Reisigschutz

Tripmadam kann gut als Beeteinfassung dienen

An günstigen Standorten bildet der duftende Waldmeister dichte Polster

Tripmadam
Sedum reflexum

Das immergrüne Dickblattgewächs *(Cassulaceae)* kommt als Wildpflanze in ganz Mittel- und Nordeuropa vor und wächst besonders gern auf felsigen oder steinigen Böden. Der Mauerpfeffer, wie die Pflanze auch genannt wird, hat etwa 2 cm lange, schmale, vorn zugespitzte, sehr fleischige Blätter und öffnet von Juni bis August gelbe Blüten auf 20–30 cm hohen Stielen.

Kultur: Obgleich auch Aussaat möglich ist, sollte man sich beim Gärtner oder auf dem Wochenmarkt besser ein paar Pflänzchen besorgen, die an einem sonnigen Platz auf magerem, durchlässigem Boden, beispielsweise auch im Steingarten oder als Einfassung eines Gartenwegs, problemlos anwachsen und sich ausbreiten. Wenn nötig, lassen sich von Frühjahr bis Sommer Einzeltriebe als Stecklinge verwenden, die rasch bewurzeln.

Ernte: Die Triebspitzen nicht blühender Exemplare werden das ganze Jahr über nach Bedarf gepflückt. Zum Trocknen ist Tripmadam ungeeignet, eine Aufbewahrung ist nur gefroren möglich.

Verwendung: Das säuerlich schmeckende Frischkraut gibt man in kleinen Mengen an Salate, Suppen und Saucen. Einzelne Triebe können auch gut als Dekoration auf kalten Platten verwendet werden.

Waldmeister
Galium odoratum

Auch Waldmeister gehört zu den einheimischen Kräutern, kommt aber ebenfalls in Südeuropa, Nordafrika und Sibirien vor. Er wächst an beschatteten Waldplätzen unter Bäumen und Großstrauchwerk. Bekannt war das Röte- oder Krappgewächs *(Rubiaceae)* bereits im Mittelalter. An den kantigen Stengeln bilden sich die schmalen, zugespitzten Blätter als übereinander angeordnete Quirle, die kleinen, weißen Sternblüten erscheinen im Mai und Juni an der 15–30 cm hohen Pflanze.

Kultur: Wie an seinen Wildstandorten braucht Waldmeister einen schattigen Platz und humosen, feuchten, lockeren Boden; man wird die Pflanzstelle im Garten also meist mit Kompost und Torf oder Rindenhumus anreichern und bei Trockenheit gießen müssen. Da die Aussaat wegen der langen Keimdauer langwierig und das Ergebnis unsicher ist, empfiehlt sich der Kauf von Jungpflanzen, die man im Abstand von 20 x 20 cm setzt. Aus den kriechenden Wurzeln entsteht im Lauf der Zeit ein dichter Waldmeisterrasen, der sich gut zur Begrünung schattiger Plätze unter Gehölzen verwenden läßt. Diese Eigenschaft als Bodendecker ist vor der Kultur zu bedenken.

Ernte: Erst ab dem zweiten Jahr darf das Kraut geschnitten werden. Man erntet kurz vor oder während der Blüte; größere Mengen hängt man, locker gebündelt, zum Trocknen luftig auf. Die gedörrten Blätter verlieren jedoch sehr stark an Würzkraft und Aroma.

Verwendung: Die leicht angewelkten Blätter – erst dann kommen die Aromastoffe voll zur Geltung – werden als Würze für die Maibowle und andere Getränke verwendet. Außerdem lassen sich damit Süßspeisen verfeinern. Tee aus getrocknetem Waldmeister wirkt beruhigend auf die Nerven.

Die Weinraute verströmt an heißen Tagen einen intensiven, eigenartigen Duft

Zuchtform der Weinraute mit bläulichen Blättern

Weinraute
Ruta graveolens

Südosteuropa, die Mittelmeerländer und Kleinasien sind die Heimat dieses Rautengewächses *(Rutaceae)*, das bei uns an sonnigen, steinigen Hängen bisweilen verwildert zu finden ist. Schon den Hochkulturen der Antike war das streng balsamisch duftende Kraut bekannt. Im Mittelalter zählte es zu den gebräuchlichsten Heilpflanzen; auch in der Liste Karls des Großen ist sie genannt. Die Weinraute hat gefiederte, grünblaue Blätter und ebenso überlaufene, im unteren Teil verholzende, bis zu 1 m hohe Stengel. Die in Trugdolden zusammengefaßten, gelben Blüten öffnen sich im Juni und Juli. Die ganze Pflanze, insbesondere die Blüten, verströmen einen starken, eigenartigen Duft, der bestäubende Insekten anlocken soll.

Kultur: Die Weinraute gedeiht am besten auf kalkhaltigem, magerem, durchlässigem Boden in voller Sonne. Wenn man es nicht vorzieht, Jungpflanzen in einer Staudengärtnerei zu kaufen, wird im April ausgesät und später auf 40 x 40 cm auseinandergesetzt. Wasser wird auch in trockenen Perioden kaum benötigt, Vermehrung ist durch Teilung oder Kopfstecklinge möglich. In klimatisch rauhen Gegenden empfiehlt es sich, die Pflanze im Herbst anzuhäufeln und den Winter über mit Reisig abzudecken.

Ernte: Junge Blätter für den Küchenbedarf können den ganzen Sommer über abgenommen werden, zum Trocknen schneidet man ganze Triebe und hängt sie an luftigen Plätzen auf. Empfindliche Personen sollten beim Ernten frischer Blätter Handschuhe tragen, da das Öl der Weinraute Hautreizungen hervorrufen kann.

Verwendung: Zarte Blättchen nimmt man sehr sparsam zum Würzen von Salaten, Soßen, Wild und Aufläufen. Das getrocknete Kraut wirkt als Tee nervenberuhigend, sollte aber wegen möglicher Nebenwirkungen nicht ohne vorherige Konsultation des Arztes verwendet werden.

*Wermut ist vor allem ein Heilkraut. Seine bitter-
aromatischen Blätter passen nur zu wenigen Speisen*

*Mit seinen attraktiven Blüten lockt der Ysop
Schmetterlinge und Bienen an*

Wermut
Artemisia absinthium

Wermut ist in Mittel- und Südeuropa sowie in
Asien weit verbreitet. Die Pflanze wurde bereits in
Altägypten genutzt, war in Arabien, Griechenland und Rom bekannt und fester Bestandteil der
mittelalterlichen Kloster- und Apothekergärten.
Der Korbblütler *(Compositae)* wächst buschig bis
zu 1,50 m Höhe, hat hellgraue Zweige und grau-
grüne, weißfilzig behaarte, mehrfach geteilte Blätter. Die hellgelben Blüten erscheinen von Juli bis
September.

Kultur: Da von der buschigen, großen Pflanze
nicht mehr als ein Exemplar benötigt wird, lohnt
die Aussaat nicht. Jungpflanzen erhält man sogar
im Kräutersortiment eines Gartencenters oder in
Staudengärtnereien. Wermut wünscht einen sonnigen Standort und trockenen, mageren, etwas
kalkhaltigen Boden. Eine besondere Pflege ist
nicht erforderlich.

Ernte: Zum Sofortverbrauch nimmt man die frischen Blätter, zum Trocknen werden die oberen
Triebteile kurz vor der Blüte im Juni/Juli geschnitten und gebündelt aufgehängt.

Verwendung: Sparsam verwendet, paßt das bit-
teraromatische Kraut zu fetten Fleischgerichten,
Eintöpfen und Wild. Aus den getrockneten Triebspitzen wird ein appetitanregender magenfreund-
licher Tee zubereitet.

Ysop
Hyssopus officinalis

Der 40–60 cm hoch wachsende Lippenblütler
(Labiatae) war ursprünglich nur in den Ländern
rund ums Mittelmeer zu Hause. Schon die Kräuterkundigen des Altertums schätzten seine heilkräftigen Wirkstoffe, in unsere Klostergärten des
Mittelalters gelangte er wahrscheinlich, wie so
viele Heil- und Gewürzkräuter, durch Benediktinermönche. Wegen seiner schönen, blauvioletten
Blüten, die sich im Hochsommer öffnen, wird der
Halbstrauch oft den Zierpflanzen zugerechnet.

Kultur: Wenn man es nicht vorzieht, Jungpflanzen in einer Staudengärtnerei zu kaufen, sät man
ab März/April am Fenster oder in einem Frühbeetkasten aus und deckt nur dünn mit Erde ab.
Gepflanzt wird im Mai mit etwa 30 cm Abstand
an den ausgewählten, sonnigen Gartenplatz in
eher trockenen, durchlässigen Boden. Bei strengem Frost sind die Pflanzen mit einer Abdeckung
aus Fichtenreisig zu schützen.

Ernte: Blätter und zarte Triebspitzen können das
ganze Vegetationsjahr gepflückt werden. Die zum
Trocknen vorgesehenen Zweige erntet man am
besten zur Blütezeit.

Verwendung: Ysop paßt zu Suppen und Soßen, je
nach Geschmack auch zu Salaten und Gemüsegerichten. Wegen des leicht bitteren Geschmacks
sollte nur sehr sparsam dosiert werden.

Zitronenmelisse wächst so stark, daß sie jährlich durch Abstechen verkleinert werden muß

Die quirlförmig angeordneten Blüten wachsen aus den Blattachseln hervor

Zitronenmelisse
Melissa officinalis

Vorderasien und die Mittelmeerländer gelten als die ursprüngliche Heimat der Melisse, die von den Griechen, Römern und Arabern, die sie wohl nach Spanien brachten, gleichermaßen geschätzt wurde. Benediktiner nahmen sie nach Mitteleuropa mit, wo der Lippenblütler *(Labiatae)* dann seinen festen Platz in Kloster- und Bauerngärten fand. Die Pflanze mit den kantigen, behaarten Stengeln und den herzförmigen, am Rand gezähnten Blättern wird bis 1 m hoch und blüht weiß von Juli bis September.

Kultur: Man sät im April/Mai in Reihen direkt ins Freiland aus und vereinzelt die Sämlinge auf 30 x 30 cm. Besser ist der Kauf von Jungpflanzen, aus denen sich später durch Wurzelteilung oder Stecklinge der Bestand ergänzen läßt. Melisse wünscht einen humosen, lockeren, nicht zu trokkenen Boden an einem sonnigen, geschützten Standort. Bei Trockenheit ist zu wässern, in rauhen Gegenden etwas Winterschutz durch Fichtenreisig oder Stroh empfehlenswert. Vorsicht beim Hacken, der Wurzelfilz verläuft dicht unter der Oberfläche!

Ernte: Frische Blätter und Triebspitzen für die Küche können laufend geschnitten werden. Größere Mengen zum Trocknen erntet man am besten kurz vor der Blüte, weil die Pflanze zu diesem Zeitpunkt das meiste Aroma gespeichert hat. Die Blätter werden später abgestreift und nachgetrocknet.

Verwendung: Das Zitronenaroma der Melisse, das beim Trocknen leider größtenteils verlorengeht, verfeinert grüne Salate, Tomaten, Gurken sowie Fisch- und Fleischgerichte. Getrocknete Blätter verwendet man auch zu Tees.

Anhang

Bezugsquellen für Kräuter (Auswahl)

Samen oder Jungpflanzen von den im Porträtteil vorgestellten Kräutern sind größtenteils in gutsortierten Gartencentern und Raiffeisenmärkten erhältlich, Trockenkräuter werden in zahlreichen Apotheken und Reformhäusern angeboten. Ein besonders breites Sortiment bieten die hier genannten Fachhändler und Versandfirmen.

Samen

Blauetikett Bornträger
6521 Offstein

Dehner
Postfach 11 60
8852 Rain/Lech

Gärtner Pötschke
4044 Kaarst

Thysanothus Versand
Postfach 44 81 09
2800 Bremen 44

Willemse
Am Bahnhof
4193 Kranenburg

Gerhard Wißmann
Arndtstraße 26
4500 Osnabrück

Jungpflanzen

Blauetikett Bornträger
6521 Offstein

Kayser & Seibert Pflanzenkulturen
Wilhelm-Leuschner-Straße 85
6101 Roßdorf

Bio-Gartenmarkt Keller
Konradstraße 17
7800 Freiburg

Pflanzenwelt Scherneck
(auch Samen und ätherische Öle)
Lanzenhainer Straße 5
6425 Lautertal 7

Dr. Hans Simon
Gärtnerischer Pflanzenbau
Georg-Meyer-Straße 70
8772 Marktheidenfeld

Suffolk Herbs
John and Caroline Stevens
Sawyer Farm, Little Cornard
CO 10 ONY/Sudbury, Suffolk/England
(sehr große Auswahl, auch an Wildpflanzen
und seltenen Spezialitäten; Lieferung per Post)

Biologische Gärtnerei Wiedemann
7340 Geislingen-Aufhausen

Staudengärtnerei Gräfin von Zeppelin
7811 Sulzburg/Laufen

Trockenkräuter

Spinnrad-Zentrale
Klosterstraße 13
4650 Gelsenkirchen

Colimex
Mozartstraße 7
5000 Köln 1

Kräuter-Mieke
Ludwigstraße 8
8874 Leipheim

Öffentliche Gärten und Lehrpfade

Deutschland
Apothekergarten im Botanischen Garten
Dr.-Ziegenspeck-Weg 10
8900 Augsburg

Kräutergarten in der Anlage am Roten Tor
8900 Augsburg

Gift- und Heilkräutergarten Öko-Werk
Teufelsseechaussee 22
1000 Berlin-Charlottenburg

»Hexengarten« Britzer Garten
Sangershauser Weg 1
1000 Berlin-Neukölln

Kräutergarten Marksburg
5423 Braubach

Kräuterfarm Paracelsus
5244 Daaden/Westerwald

Heilkräutergarten Ottohöhe
6930 Eberbach-Neckarwimmersbach

Aromagarten
Palmsanlagen über der Schwabach
8520 Erlangen

Kloster-Kräutergarten
7752 Insel Reichenau

Kloster-Kräutergarten
7758 Meersburg

Österreich
Heilpflanzenlehrpfad
7301 Deutschkreutz

Kräuterlehrpfad
4573 Hinterstoder

Kräuterfelder und Schaugarten
5731 Hollersbach

Heilpflanzenlehrpfad
3233 Kilb-Kettenreith

Heilkräuter-, Schau- und Lehrgarten
4163 Klaffer am Hochficht

Heilkräutergarten Erich Hager
3332 Sonntagsberg/Rosenau
Voranmeldung über
Tel.: 00 43 74 48/25 87

Heilkräutergarten Roswitha Schwarz
3200 Weinburg
Voranmeldung über
Tel.: 00 43 27 47/22 41

Schweiz
Heilkräutergarten
Freilichtmuseum Ballenberg
3855 Brienz

Kräutergarten Kurt Künzi
3453 Heimisbach

Pfarrer Künzles Kräuterlehrpfad
7323 Wangs-Pizol

Alpengarten mit vielen Heilpflanzen
Schynige Platte
3812 Wilderswil

Register

Zu den Themen Garten und Pflanzen sind im FALKEN Verlag zahlreiche Bücher erschienen. Hier eine kleine Auswahl: »Kleingärten« (Nr. 1015); »Reihenhausgärten« (Nr. 1016); »Pflanzen und Tiere für den Gartenteich« (Nr. 1171); »Gestaltungsideen für schöne Gärten« (Nr. 4482); »Kleine Gartenparadiese auf Balkon, Terrasse und Dachgarten« (Nr. 4536)

Die Deutsche Bibliothek – CIP-Einheitsaufnahme

Jantra, Helmut:
Schöne Kräutergärten : anlegen, gestalten, pflegen / Helmut Jantra. – Niedernhausen/Ts. :
FALKEN, 1992
(FALKEN Bücherei)
ISBN 3-8068-1256-X
NE: HST

ISBN 3 8068 1256 X

© 1992 by Falken-Verlag GmbH,
6272 Niedernhausen/Ts.
Die Verwertung der Texte und Bilder, auch auszugsweise, ist ohne Zustimmung des Verlags urheberrechtswidrig und strafbar.
Dies gilt auch für Vervielfältigungen, Übersetzungen, Mikroverfilmung und für die Verarbeitung mit elektronischen Systemen.
Titelbild: Gitte und Siegfried Stein, Vastorf
Fotos:
Archiv für Kunst und Geschichte, Berlin: 7 r.o., 8, 9, 10, 14
Historia-Photo, Hamburg: 7 l.o., 7 u.

Friedrich Jantzen, Arolsen: 46 r.o., 50, 64, 66 o., 68, 72, 73 o., 74, 76, 77 o., 78, 80 o., 81 l.u., 82 u., 84, 85, 86, 87, 88, 89 o., 90 o., 91 u., 93 l., 94 o., 95, 96, 97 u., 98 o., 99 o., 101 o., 101 l.u., 102 u., 103, 106 r.
Wolfgang Redeleit, Bienenbüttel: 35
Reinhard-Tierfoto, Heiligkreuzsteinach-Eiterbach: 3, 5, 16 l.u., 17 o., 18 M., 19, 21 l.o., 24, 26 l., 39, 42 o., 45, 46 l.u., 57, 65 l., 79 l.
Gerhard Röhn, Heusenstamm: 18 u., 65 r., 66 u., 70, 71, 75 o., 75 u., 80 u., 81 r.M., 82 o., 83, 90 u., 91 o., 92 o., 93 r., 97 o., 98 u., 99 u., 100, 102 o., 104 o., 105 l., 106 l.
Manfred Ruckszio, Taunusstein: 12, 18 o., 20 r.o., 21 r.o., 22, 27 r., 44 r., 49, 59, 67 u., 73 M., 81 r.o., 94 u., 104 u.
Bildarchiv Sammer, Neuenkirchen: 17 u., 44 l., 47
A. Schwarz, Mainz: 92 u.
Gitte und Siegfried Stein, Vastorf: 15 o., 16 r.o., 23, 25 o., 26 r., 27 l., 28, 40, 42 u., 46 l.o., 105 r.
Max F. Wetterwald, Offenburg: 11, 13, 15 u., 20 l.o., 34
Jürgen Wolff, Gengenbach: 16 r.u., 75 M.
FALKEN Archiv, Niedernhausen: 18 u., 21 M., 101 r.u. (Gabriel); 25 o., 65 r., 67 o., 69, 73 u., 77 u., 79 r., 94 M. (Oetelshofen); 58 (TLC-Studio); 89 u. (Wissing)
Zeichnungen: Gabriele Schubert, Wiesbaden (außer S. 53 und 55: FALKEN Archiv/Horst Lünser, Niedernhausen)
Die Ratschläge in diesem Buch sind vom Autor und vom Verlag sorgfältig erwogen und geprüft, dennoch kann eine Garantie nicht übernommen werden. Eine Haftung des Autors bzw. des Verlags und seiner Beauftragten für Personen-, Sach- und Vermögensschäden ist ausgeschlossen.
Satz: TypoBach, Wiesbaden
Druck: Ernst Uhl, Radolfzell

817 2635 4453 6271